アドボカシー マーケティング

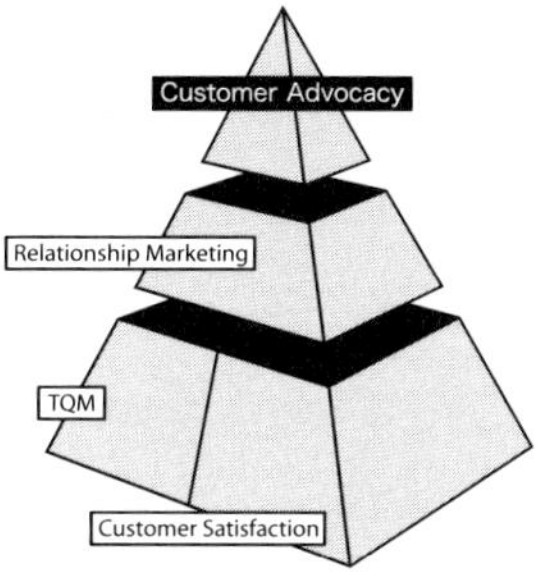

顧客主導の
時代に
信頼される企業

グレン・アーバン 著
Glen Urban
山岡隆志 訳
スカイライト コンサルティング 監訳

Wharton
UNIVERSITY of PENNSYLVANIA
ウォートン経営戦略シリーズ

EIJI PRESS

DON'T JUST RELATE—ADVOCATE!
A Blueprint for Profit in the Era of
Customer Power

by

Glen Urban

Publishing as Wharton School Publishing
Upper Saddle River, New Jersey 07458

Japanese translation rights arranged with
PEARSON EDUCATION, INC.,
publishing as Wharton School Publishing
through Japan UNI Agency, Inc., Tokyo.

日本語版　訳者まえがき

「メディアを駆使して莫大なマーケティング投資を行った」
「他社に先駆けて斬新なキャンペーンを何度もやった」
「当社のポイントプログラムは、どこにも負けないほど充実している」

……しかし、現代の消費者は気まぐれだ。たとえ一度は自社の製品・サービスに目を向けたとしても、他に良いものを見つけるとすぐに去っていく。「顧客ロイヤルティの構築」や「お客様との末長いお付き合い」など、夢物語ではないだろうか？

こうした疑問は至極真っ当なものである。キャンペーン合戦や販売促進のためのポイントプログラムの充実など、多くの企業がやっきになって取り組んでいるマーケティング活動は、もはや破綻している――それは効果に乏しいばかりか、逆に、自社に災厄をもたらしかねないものである。

企業と顧客（消費者）の力関係が逆転したことに、あなたは気づいているだろうか。

インターネットは顧客のパワーを急激に増大させた。今や消費者は、自ら多くの情報を集め、製品を比較検討し、適切なものを購入することができる。企業が「これこそマーケティングだ」とばかりに打ち出すさまざまな施策は、不要か、むしろ邪魔なものになった。企業と顧客の力関係は、理念的に語られるだけでなく（「お客様は神様です」と言うように）、現実的にも逆転している。

このことは、マーケティングの世界にパラダイムシフトとも言うべき影響をもたらしている。企業から押し付けがましくメリットを提供してきたマーケティングは、もはや終焉を迎えている。これから重要なのは、顧客の心を射抜き、パワーを持った顧客から信頼されるためのマーケティングである。

本書で紹介する「アドボカシー・マーケティング」の「アドボカシー（advocacy）」とは、「支援」「擁護」「代弁」などの意味を持つ。顧客との長期的な信頼関係を築くため、顧客を支援する。自社の利益追求や、短期的なメリットの提供は二の次にして、「顧客にとっての最善」を徹底的に追求する。顧客の利益や満足度を最大化するためなら、一時的に自社の利益に反することでも行う。自社製品より優れた他社製品があるなら、率直に他社製品の購入を勧める。

ノードストロームの「伝説」として、こんな話がある。スーツのセール期間中、「好みの色のスーツがない」と不満を言ってきた客がいた。販売員は、その地域のノードストローム全店の在庫を調べたが、すべて売り切れていた。そこで販売員は、近隣のライバル百貨店で顧客の望む色のスーツを見つけ出し、通常価格で買ってきて、自店でセールス価格で販売したのである。他社商品を薦めることは、明確な経営理念の上で行っていれば驚かれる行為ではない。一見、利益が下がる最悪の行動のようだが、長期的なスタンスに立てば、その意義と効果がいかに大きいかは、本書を読めばお分かりいただけるだろう。

著者のグレン・アーバン教授はマーケティングの権威であり、マサチューセッツ工科大学スローン経営大学院で学部長を務めたこともある優れた教育者でもある。同大学院に留学中、彼のもとで本書と同様のテーマを研究する機会に恵まれた私は、日米の企業約四十社のヒアリングを行い、アドボカシー・マーケティングを実践するためのキーとなる要素を整理し、その具現化手段を研究した。

米国企業には、既にアドボカシー・マーケティングを本格的に実践している企業が多数あり、見慣れたキャンペーン競争に明け暮れる日本企業との差を痛感させられたが、一方で私は、日本企業のポテンシャルも強く感じた。アドボカシー戦略の基礎となる「信頼」を重視する良心的な企業文化は、もともと日本企業が他のどの国の企業よりも高いレベルで備えていたものではないだろうか。

実際、日本企業にヒアリングしてみると、アドボカシー・マーケティングを総合的に実践している企業は皆無であったものの、その一部の要素を実践している企業は多数見ることができた。

たとえばモスバーガーは、アドボカシー・マーケティングにおける不可欠の要素である「透明性」を重視している分かりやすい例だ。モスバーガーの店舗では、その店で使用されている野菜の産地と生産者名の情報を、希望すればレシートに印字してくれる。この情報はウェブサイトでも店舗の地域ごとに表示されており、消費者による照会が可能だ。食に関する情報公開のニーズが高まっている今日、こうした取り組みは長期的なファンの獲得につながるだろう。

MKタクシーは一九七二年に「タクシーを市民に帰する運動」を始めた。深夜の急病、出産などへの緊急配車、身体障害者優先制度の確立、運転手への介助訓練と割引運賃の設定などを実施し、「市民のためにタクシー会社が行いうる最善」を追求している。また同社は、ありがちな広報・IR活動の域にとどまる社会貢献活動ではなく、「都市交通改革」という明確なポリシーのもと、さまざまな規制の改革に取り組んできた。商品・サービスの提供を超えて包括的な企業活動として取り組むことで、消費者から不動の信頼を得たのだ。社会貢献活動がマーケティングの中核をなしているのである。

ここまで取り組む日本企業は少ないが、信頼ベースの活動は、日本のビジネスパーソンが日々の業務を通じて培ってきた企業文化に根ざしたものである。「アドボカシー」というコンセプトを経営戦略の中核に据え、全社的な活動として実践すれば競争優位に立てる日本企業は増えるだろう。こうした期待から、本書の翻訳に携わらせていただいた。

本書を、マーケティングに取り組む人たちはもちろん、経営者や、さまざまな企業活動に携わる方々に、ぜひご高覧いただきたい。そして、日本の企業文化が元来保有している「信頼」というリソースを総合的に再構築し、顧客価値を高めていくことに役立てていただければ幸いである。

最後になったが、本書を訳す機会を与えていただいた英治出版の原田英治社長、さまざまな要望に柔軟に対応していただいた編集担当の高野達成氏、また翻訳協力の北川知子氏、編集協力の和田文夫氏、装丁の重原隆氏、そして翻訳作業についてアドバイスをいただいたスカイライト コンサルティングの藤竹賢一郎氏、杁岡充宏氏に心からお礼を申し上げたい。

二〇〇六年十月　山岡隆志

アドボカシー・マーケティング

目次

日本語版刊行に寄せて――原著者による序文

このたび日本において本書『アドボカシー・マーケティング』が刊行されることを心から嬉しく思う。読者一人ひとりが本書の内容を楽しみ、マーケティングや企業戦略を実践する上で新たな手法として役立てていただければ著者としてこれに優る喜びはない。

日本語訳を山岡隆志氏にご担当いただいたことについては特に明記してお礼申し上げたい。彼はＭＩＴスローン経営大学院の修士課程に在籍中、私と問題意識や価値観を共有し、日本におけるアドボカシー・マーケティングについて探求した修士論文を書き上げた。彼の研究によって、アドボカシー戦略を用いて成功を手にする巨大な潜在能力を多くの日本企業が持っていることが明らかになった。彼が発見したアドボカシー戦略の核となる要素は、日本の企業文化に合致すると確信している。

本書で解説する「アドボカシー」のコンセプトが、日本の企業とビジネスパーソンにとって非常に有益なものとなることを、私は確信している。その主な理由は、日本社会に「信頼」を非常に重要視する文化が根付いていることに加えて、日本企業が生み出す製品・サービスが世界最高の品質をそなえていることである。公正かつ正直に人と接する日本人の精神的傾向はビジネスの局面においても見られることであり、製品やサービスには細やかな配慮と緻密な設計が施されている。これら二つはアドボカシー戦略の実践のために不可欠かつ最も基本的な基盤である。

また、アドボカシー戦略の必要性が高まっている現代は、日本企業がそのマネジメントを新たな次元に移行するのに適した時代だと私は考えている。過去に日本企業が実現した統合的品質管理における革新は、国内のめざましい経済成長と世界における存在感の増大をもたらした。だが、アドボカシー戦略の実践は、そこからもう一段上、すなわちグローバルなビジネス・経済環境における日本の新たなリーダーシップを構築するための絶好の機会を生み出すかもしれない。

本書はインターネットを活用したビジネスモデルについて多くを割いているが、アメリカでのインターネット革命があらゆる業界と企業、そして顧客にもたらしたインパクトは、日本においてもほぼ同等に見られる。たとえば自動車を購入する際、情報収集のためにインターネットを活用する人々は全体の七〇%と米国と大差ない。インターネット上での「バーチャル・アドバイザー」をはじめ本書で紹介する数々のツールやマーケティング手法は日本においても十分に活用可能なものである。

実際に、私自身が研究の一環として関わったスルガ銀行での取り組みは、日本企業がアドボカシー戦略を導入するのに良い時期であることを示唆している。CEO岡野光喜氏とCIO青木孝弘氏のもと、スルガ銀行は個人向け貸出業務についてバーチャル・アドバイザーを試験運用している。MITデジタル・ビジネス・センターを介したこの活動では、競合他社のサービスとの比較以上にアドボカシーが顧客の意思決定に影響を与えうるかの検証が進められている。潜在顧客の認識スタイルや文化的背景に合わせたカスタマイゼーションについて世界水準の技術を用いた研究も行われている。

日本企業にはアドボカシー戦略によって世界をリードしていくのに十分な能力がある。本書によって一人でも多くのビジネスパーソンがその機会を認識し、成功への第一歩を踏み出していただけたら幸いである。

二〇〇六年八月　グレン・アーバン

chapter 1

すべてを知り尽くされる時代

顧客が、あなたの会社や製品、サービスについて、弱点を含めて何もかも知り尽くしているとしたら、あなたはいったいどうするか？

インターネットの出現によって、顧客は製品やその関連情報はもとより、製品やサービスに不満を持った人が語るクチコミ情報さえも入手できるようになった。競合他社の製品に関しても、あらゆる情報が手に入る。インターネットの世界では、自社も競合他社も、創業まもない無名の企業も、顧客との距離は等しい。どの企業にも、たった一度のクリックで手が届く。手軽に膨大な情報を得ている顧客は、より厳しく、より慎重に、あなたの製品やサービスを見極める。

インターネットは、カスタマー・パワー、つまり顧客自身が持つ力をかつてないほど強めている。

この動きはとどまるところを知らない。あなたの会社も対応を迫られている。派手なCMやキャンペーン、イメージ戦略を用いても、顧客の目を欺くことはできない。いま求められているのは、「顧客をまるめ込む」のとは一八〇度異なるアプローチだ。

「顧客への支援（アドボカシー）を徹底することで、顧客の信頼を得ること」

これが私の提案だ。本書では、顧客を「支援」する理由やその実行方法を示し、実例を紹介する。

ＧＥ、イーベイ、アマゾン、ＡＭＤなど、先見の明のある企業は、既にアドボカシーを実行している。そこでは、すべての顧客に対して、ありのままの情報を公平に差し出す。たとえ競合他社の製品であっても、顧客にふさわしいものであれば正直に紹介し、本当の意味で、顧客にとっての最高の利益を追い求める。そのように企業が顧客を支援すれば、顧客は信頼、ロイヤルティ、購買行動によって企業に報いてくれる。しかも、それは持続性があるため、企業は長期的にメリットを享受できる。これがアドボカシー戦略だ。

アドボカシー戦略が成功すれば、企業は製品やサービスについて、より高い代価を得られる。「信頼性」という特別な価値と優れた品質を備えた製品であれば、喜んで財布の紐を緩める顧客は多いからだ。顧客の信頼を得られれば、購入してもらえる製品の数や種類も増えるだろう。顧客がその企業や製品について他の人たちに話す機会も多くなる。その結果、企業は新規顧客の獲得コストを削減できる。

今や、マーケティング・パラダイムは変化しつつある。あなたも変わらなくてはならない。カスタマー・パワーの時代に成功を収めるには、アドボカシー戦略が不可欠である。

カスタマー・パワーの増大を見逃すな

私たちは、インターネットに代表される新しい技術のおかげで、膨大な量の情報へ簡単にアクセスできるようになった。「賢い消費者」になるためにインターネットを利用し、情報の収集、競合製品の検索、他の顧客との情報交換を行っている。強引なマーケターから逃れたり、自力で最適な製品を見つけたりすることも可能になった。多くの人々が望んでいたことが、今や現実となりつつあるのだ。

一九九八年のアメリカで、インターネットに接続していたのは、全世帯の三割の三三〇〇万人だけだった。しかし二〇〇三年には、全世帯の七〇%近くにまで伸びた。つまり、五年間でおよそ二倍になっているのだ。★1 しかもこの数字は、家庭への普及率を示しているにすぎない。職場や図書館でのアクセスを加えれば、二〇〇四年のアクセス率は、約七五%にまで上昇する。★2 これは、ビジネス史上最も速い普及の一例だ。

同じ五年間に、オンライン購入を経験した消費者の割合は、二二%から五一%に上昇した。しかも、消費者がオンラインで購入した商品の平均カテゴリー数は四倍（平均二件から八件以上）に増えている。二〇〇三年の消費者一人あたりのオンライン消費額は、平均で九五ドルだった。★3 また、ある調査では、オンライン購入の経験者の二五・四%が「オンラインで商品を見てから店で購入する」と述べている。★4

★1 Schadler, Ted. "Benchmark 2004 Data Overview," Forrester (Cambridge, MA), July 25, 2003, p.3.

★2 The USC Annenberg School. Center for the Digital Future, "The Digital Future Report: Surveying the Digital Future, Year Four," September 2004, p.27.

★3 前掲書 p.57.

★4 前掲書 p.60.

表1には、一九九八～〇三年までの期間を対象に、インターネットに接続している世帯の割合、オンライン購入を経験した消費者の割合、オンラインへの接続時間の変化が示されている。インターネット・バブルの時期には、インターネットの潜在能力を過大評価する傾向があったが、現にそのほとんどは実現されつつある。成長がこのまま続くのであれば、インターネットは今後も長くビジネス戦略に影響を与える最も重要な要因になるだろう。

かつてはインターネット・ユーザーの大多数は変わり者の男性で占められていた。しかし現在では、アメリカ人の大多数がユーザーになっている。たとえば、大学卒のユーザーは、全体の四一％に過ぎず、男女比もほぼ等しい（**表2**）。また、年齢別のインターネット利用率を見ると、十八歳以下の年齢層では九七・五％、十八～三十五歳の年代では八八・五％、六十五歳以上でも三八％が利用している（**表3**）。

さらに、一九九八年に一％にとどまっていたブロ

表1 インターネットの驚くべき成長

	1998	1999	2000	2001	2002	2003
接続世帯	25%	33%	43%	57%	61%	64%
オンライン購入率	22%	27%	50%	49%	51%	51%
インターネットの個人利用時間（週あたり）		7.2	9.9	9.5	9.0	8.5

表2 インターネットの利用者層

	1998	1999	2000	2001	2002	2003
平均年齢	40.5	41.0	41.5	44.9	45.0	46.6
男性	57%	56%	53%	49%	50%	49%
大卒	49%	46%	44%	42%	42%	41%
「先端技術は自分にとって重要である」という意見に賛成	47%	43%	41%	33%	31%	30%
ブロードバンド接続世帯	1%	2%	6%	10%	17%	23%

出典：表1および表2：Forrester (Cambridge, MA), "Consumer Technologies 1998-2003 Benchmark Studies," July 25, 2003.

ードバンドの世帯普及率は、二〇〇三年に二三%となり、加速度的に伸びている。消費者は、高速常時接続のためなら高い料金を払ってもよいと考えている。インターネットは家庭にますます浸透していくだろう。消費者は、高速で待ち時間の少ないブロードバンドのおかげで、これまで以上に多くの情報へアクセスできるのだ。

こうした変化によって、顧客と企業の関係にも本質的な変化が生じている。顧客の力、カスタマー・パワーが劇的に増大しているのだ。その背景には、次の五つの要因があげられる。

❶ 情報へのアクセスの増加

顧客は、無数の情報源を活用することで、企業や製品に関する情報にアクセスできる。第三者による商品テストの結果を伝えるコンシューマー・リポーツ(ConsumerReports.org)、カスタマー・レビューを掲載しているアマゾン、売り手の格付けを行うイーベイ。このような情報源を通じて、製品やサービスに関するさまざまな情報を、以前よりはるかに多く得ているのだ。

たとえば乗用車を購入する際、車種や特徴、価格を調査するためにインターネットを使っている人々の割合は六四%を超えている。★1 新規購入

表3 年齢別のインターネット利用率

年齢	2000	2001	2002	2003
12～15歳	83%	91%	97%	98%
16～18歳	91%	96%	97%	97%
19～24歳	82%	81%	87%	92%
25～35歳	81%	82%	81%	85%
36～45歳	72%	81%	73%	87%
46～55歳	73%	76%	72%	78%
56～65歳	55%	59%	64%	67%
65歳以上	29%	31%	34%	38%

出典：The USC Annenberg School. Center for the Digital Future, "The Digital Future Report: Surveying the Digital Future, Year Four," September 2004, p.31.

者でも、そうしたウェブサイトを「かなり重要な」、あるいは「きわめて重要な」情報源として評価する人々が六八％を占める。彼らは、ケリー・ブルーブック（Kelly Blue Book）やオートバイテル（Autobytel）、エドムンド（Edmunds）など、平均七つのサイトを利用している。[★2] ディーラーを訪ねる何カ月も前にオンラインで情報収集している顧客も多い。さらに、そのうち六％は、オンライン購入によって一台あたり四五〇ドルを節約している。[★3]

顧客は自ら、企業の宣伝文句の真偽を確かめたり、価格情報を入手したりできるようになった。企業と顧客の力関係が逆転し、企業主導の従来型マーケティングの効力は衰えている。

❷ 選択肢の増加

顧客は以前にも増して簡単に競合商品を見つけられるようになった。サーチエンジンや比較サイト、オンライン・レビューを活用して、多くの類似商品の中から一番安くて質の良い製品を選んでいる。

たとえば旅行客は、飛行機の格安チケットを手に入れるために、エクスペディア（Expedia）、オービッツ（Orbitz）、トラベロシティ（Travelocity）などのウェブサイトを活用している。旅の情報を得るためにインターネットを利用している人の割合は、レジャー旅行客で六三％、ビジネス旅行客では六九％を上回る。[★4]

二〇〇二年には業界全体の業績が前年から五％落ちたにもかかわらず、インターネットでの売上高は前年比三七％増の二八〇億ドルに達した。二〇〇三年には三五〇〇万人もの旅行客が

★1〜2 J. D. Power, "2002 New Autoshopper.Com Study" (J. D. Power, West Lake Village, CA), October 2002によれば、イギリスでは自動車購入者の64％がインターネットから情報を得ているという。この数字は、2003年のジュピターリサーチ（Jupiter Research, 2003）では77％、コスピリットリサーチ（Cospirit Research）では83％にのぼる。

★3 Morton, Fiona S., Florian Zettelmeyer, and Jorge Silva Risso, "Internet Car Retailing." *The Journal of Industrial Economics*, December 2001: 501-19.

★4 Yesawich Partners, "Consumer Travel Plans Include Visit to Net," May 6, 2004.

オンラインでチケットを購入している。[★1] インターネットの中に格安チケットが転がっていることを知った旅行客は、レジャーでもビジネスでも、高い航空運賃をますます敬遠するようになり、そのため航空会社は財政面で苦境に陥っている。

インターネットは不動産市場にも影響を与えた。住宅購入者は、インターネットを通じて、豊富な情報を幅広く入手している。また、オンライン不動産仲介サービス企業のイーリアリティ（eReality）やジップリアリティ（ZipRealty）は、仲介業務が低コストであるという強みがあることから仲介手数料の一部を購入者に還元し、顧客の実質的な負担を低減させている。

❸ 直接取引の単純化

インターネットのおかげで取引は簡単になっている。顧客は、商品やサービスを提供者との直接取引によって購入できる。オンラインでの注文と直送によって、家から一歩も出ずに、いつでも本や電化製品を入手できるのだ。あるいは、Eチケット（電子航空券）を利用すれば、紙の航空券を入手しなくても済む。そのため地元の旅行業者に頼る機会も減る。また、取引が単純になれば、取引相手の乗り換えも起こりうる。インターネットは顧客に対して、取引の対象となりうる幅広い提供業者から自分に一番ふさわしい相手を見つけ出し、その相手と直接取引できるパワーを与えているのだ。

★1 Sileo, Lorraine and Joshua Friedman. "PhoCus Wright's Online Travel Overview: Market Size and Forecasts 2002-2005," February 2003.

❹顧客同士のコミュニケーションの増加

人々は、インターネットで情報を入手するだけでなく、情報を発信したり交換したりすることもできるようになった。

二〇〇二年、健康に関する情報を得るためにインターネットを活用したアメリカ人は一億一〇〇〇万人だった。日本でも四八〇〇万人、ドイツでは三二〇〇万人、フランスでは一四〇〇万人だ。★2

これらの中には、諸々の病気についてオンライン・コミュニティを形成している人たちがいる。医薬品の効果に関する情報を交換したり、治療の進め方について助言を与え合ったりしているのだ。イーピニオンズ（epinions.com）やプラネットフィードバック（planetfeedback.com）などのサイトでは、患者自身が医薬品メーカーや薬品を評価しており、「疾病予備軍」に当たる人々はそれを参考にしている。こうしたことを背景に、患者が特別な処方を求めたときには、八四％のケースで、医者がそれを尊重するようになっている。★3

また、顧客同士のコミュニケーションの増加は、クチコミ・マーケティングのさらなる拡大をもたらしており、企業もクチコミを無視できなくなった。かつては悪徳企業が顧客を失うにしても一度に一人だったし、業を煮やした顧客がその企業の製品を買わないように数名の友人を説き伏せる程度で収まっていた。だが今では、顧客はインターネットを使って世界中に向けて鬱憤を晴らせるのだ。

ザ・コンプレイント・ステーション（thecomplaintstation.com）のようなウェブサイトはもとより、

★2 "Four Nation Survey Shows Widespread but Different Levels of Internet Use for Health Purposes." *Health Care News*, v.2, No.11 (May, 2002) Harris Interactive, 2002.

★3 "Cybercitzen Health—The Integration of Information Technology and Consumer Healthcare." Manhattan Research, 2002.

オンラインでの格付けサービスやディスカッション・フォーラムでも、粗悪品や悪質なサービス、悪徳企業の排除に向けた動きが加速している。イーベイでは、オークションの入札者が出品者について肯定や否定のコメントを付けられるようになっている。星のマークで表示された売り手の評価を見れば一目瞭然だ。ごく少数でも否定的なコメントがあれば、入札者の減少やオークションの不成立につながる。

❺ 顧客による防衛手段の増加

顧客は昨今のマーケティング手法を苦々しく感じている。今や、テレマーケティングの電話やスパムメール、ポップアップ広告などの押しつけがましいメッセージは、収益の増加よりも顧客の怒りを招くことが多い。

ある調査では、ポップアップ広告について「とても腹立たしい」と答えた消費者は全体の六四%だった。「腹立たしい」と答えた人を加えると九六%になる。スパムメールを「とても腹立たしい」と思っている人の割合も同じだ。★1 また、九四%の人々がポップアップ広告を「信用しない」と答えており、★2「ポップアップ広告で宣伝されるブランドには目を向けない」と答えた消費者の割合は九〇%だった。★3

こうした憤りは消費者に「企業に仕返ししてやろう」という気を起こさせる。テレビでコマーシャルが始まるとチャンネルを変える。電話の着信を選別する。ポップアップ広告の表示をブロックする。スパムメールは受信と同時に自動的に削除する。

★1 Neff, Jack. "Spam Research Reveals Disgust with Pop-up Ads." *Advertising Age*, vol.74, issue 44, August 2003.

★2 2003年12月のインテリシーク（Intelliseek）による調査。「信用しない」には、「まったく信用しない」と「あまり信用しない」が含まれる。

★3 Blackshaw, Petel. "Pull the Plug on Pop-up?" *Advertising Age*, vol.74, issue 44, November 2003.

先の調査によれば、ポップアップ・ブロッカーを使っている人はアメリカ国内で二〇〇〇万人、[★4]「電話による勧誘を拒否するサービス」の契約者は、五〇〇〇万人を超えている。技術の発達につれて、消費者はこのような方法で、家庭や暮らしに割り込んでくるマーケティング・メッセージを制限することができるようになっている。従来型のマーケティングは、効果的でないだけでなく、怒りを招きかねない「非常に危うい戦略」と化しているのだ。

こうした五つの傾向によって、カスタマー・パワーはますます強まっている。現代の消費者は、以前は想像できなかったほど豊富な知識や情報を手に入れ、また検索や選別のツールを用いることで、質の高い製品やサービスを探し出すことができるのだ。企業は、このように強まる一方のカスタマー・パワーに適切に対応しなければならない。

★4 前掲書→★1

パラダイムシフト

増大するカスタマー・パワーは、企業の行動や市場に劇的な変革をもたらしている。まさにパラダイムシフトと言うべきこの変化について考えてみよう。

懐疑心の高まり

カスタマー・パワーの増大は、顧客が企業のマーケティング・メッセージを信用しなくなったことと無縁ではない。人々は企業の誇大広告や欠陥品などのスキャンダルにうんざりしている。

企業の不祥事によって資本主義に反感を抱くようになった人は多い。エンロン、MCIワールドコム、タイコ、パルマラットなどの不正会計、401k（確定拠出型年金）退職貯蓄の損失、リストラ、インサイダー取引の告発、マーサ・スチュワート事件、反グローバリゼーション運動。アメリカでは二〇〇〇年代初頭にこうした事件が相次いで起こった。

二〇〇二年二月に実施されたゴリン・ハリス世論調査によれば、アメリカ人の三分の二以上（六九％）が「もう誰を信頼すればいいのかわからない」という見方を示している。[★1] アメリカの企業は、会計をめぐるスキャンダルや製品のリコールによって自社のイメージを損なった。社員は市場の低迷によって401kの退職貯蓄を失い、経営者たちは高すぎる給与によって信頼を失った。

★1 "American Business Faces a Crisis of Trust." *Trust*, February 2002.

二〇〇四年のギャラップ国際経済フォーラムの研究によれば、対象になった世界四十七カ国で、グローバル企業や国内の大企業に対する信頼が急激に低下しているという（NGOや労働組合、メディアに対する信頼度はさらに低い）。グローバル企業や国内の大企業は、「社会の利益の最大化のために機能している」とは思われていないのだ。三万六〇〇〇人の回答者のうち、グローバル企業を「ほとんど信頼していない」か「まったく信頼していない」と回答した人の割合は四八％、また国内の大企業に対して同様の回答を寄せた人の割合は五二％で、これは組織に対する不信感のなかでは最も高かった。★2 二〇〇三年の調査では、アメリカ人の三分の二が、「企業は、発覚の恐れがなければ顧客を不当に扱うだろう」と回答した。★3

また、二〇〇一年のブース・ハリス信頼度調査によれば、大半の消費者が「メディアによる否定的な報道のために商品の使用をやめたことがある」と答えている。★4 さらに、一〇〇〇人以上の成人を対象にアメリカ全土で実施されたコーン企業市民調査によれば、九一％の人々が「企業市民として不適切な活動に気づいた場合には、別の企業の製品やサービスに乗り換えることを考える」と答えた。「その企業の株式への投資を拒否する」という回答も八三％に達している。★5

顧客から信用されない企業は、カスタマー・パワーの時代に生き残れない。名門だったアーサー・アンダーセンは、数名の社員によるエンロンの粉飾決算をめぐる証拠隠滅事件で信頼を損ね、わずか数カ月で倒産に追い込まれた。一〇〇年以上続いた同社の伝統が消えてしまい、二万人の社員が職を失った。二〇〇五年にはメルクが大きな危機に直面している。同社製の

★2 Voice of People Survey, "Trust in Global Companies," World Economic Forum, 31 March 2004.

★3 Craig Wood, "Crisis of Confidence: Rebuilding the Bonds of Trust" (Chicago, IL, Yankelovich, 2003), p.8.

★4 Booth-Harris, "Trust the Emotional Glue Behind Customer Loyalty." *Trust Monitor*. (M. Booth and Associates, New York, NY) 2001.

★5 2002年のコーン企業市民調査は、www.coneinc.com を参照。

鎮痛剤バイオックスが心臓発作や脳卒中のリスクを高めることが明らかになったからだ。損害賠償訴訟の判決が出るまでにはまだ数年かかりそうだが、世論という裁判所は既にメルクの株価へ厳罰を加えている。顧客への対応が不透明だったため健全性に疑問を持たれているのだ。

顧客に信頼されない企業が必ず倒産するというわけではないが、競争上不利な立場になるのは間違いない。企業が発信するメッセージの真偽を顧客が自分で確かめられるようになった今日においては、必要な情報を率直に提供しない企業は排除されるだろう。

政府による規制

アメリカ政府は、積極的な取り締まりと新しい法律の制定によって有権者の怒りに応えようとしている。株主に対して正直に振る舞わないばかりか、必要な情報を提供しない経営者は犯罪者として扱われるのだ。投獄され、起訴されることにもなりかねない。政府は公正な情報開示の必要性を訴え、取り締まりを強化している。マーサ・スチュワート事件はその好例だ。エンロンやタイコの事件も同様の教訓を与えてくれる。つまり、顧客に信頼されないようなやり方で行動しても、見返りは得られないのだ。

ＦＤＡ（食品医薬品局）の規則は、従来以上に詳しい製品情報の提供を製薬会社に要求している。どの薬品の広告にも、非常に小さい文字ではあるが、副作用や薬物間相互作用についての警告が掲載されている。タバコ会社はパッケージや広告に警告を明示し、未成年に対する禁煙キャンペーンを展開している。ＲＪレイノルズのサイト（rjrt.com）のように、タバコ会社のサイトでは、健康に対するリスク、原材料、受動喫煙の危険性などについて述べられている。

このような警告の表示は、一九九八年十一月二十三日にタバコ会社と全米四十六州の間で交わされた基本和解合意にもとづいて命じられている。この和解によってタバコ会社は多くのプッシュ・プル型のマーケティング活動（サンプルの無料配布、映画やテレビ、漫画の登場人物の喫煙シーンに対する使用料の支払いなど）をやめることに合意し、新しい禁煙プログラムを開始した。さらに以後二十五年間、四十六州に対して二〇〇〇億ドルの罰金を支払うことにも合意した。

また、アメリカでは市民の力を強めるために政府が積極的に情報提供することがある。メディケア（高齢者医療保険制度）の新しい医薬品プログラムの開始に先だって公開されたサイト（Medicare.gov）では、新しい医薬品の割引カードや、小売店で購入できる特定薬品の価格を比較する情報が提供された。これによって、市民は価格の比較や最適な医薬品の選択を行うことができるようになった。

このように、政府の働きかけや規制によって、企業は信頼形成のための努力を促されている。

メディアパワーの低下

現代の消費者にリーチし、心を揺さぶるのは非常に難しい。消費者が受け入れる情報は増えてはいるものの、企業が消費者に情報を押し付けるために活用するメディア・チャネルが次第にその効力を失っているからだ。メディアの細分化、消費者の懐疑心の高まり、時間に追われる現代のライフスタイルによって、疑い知らずの一般消費者に製品を売り付けるのは難しくなった。

その結果として、プッシュ・プル型のマーケティングの到達範囲や効力は大幅に低下している。

過剰供給、コモディティ化、飽和

アメリカでは二〇〇〇～〇三年の景気下降によって消費者需要が大きく低下したが、それ以前から需給ギャップは広がっていた。当時の国内における自動車の生産能力は、需要を三三％超えていたという推計もある。アメリカ国勢調査局の報告によれば、一九九七～〇一年までの全産業部門の売上高の平均は、生産能力の七二％にすぎないという。[★1]

自動車、家電、金融サービス、旅行、通信サービスなどの業界でも、供給能力は需要を上回っている。生産ラインの飽くなき拡大が供給過剰を生んでいる。国内で販売中の自動車には三〇〇種類以上のモデルがある。コカ・コーラでさえ、フレーバーやパッケージの違いによって、三十種類以上の商品が売られている。こうした過剰な生産能力は企業間の競争を促す。また、企業は互いに他社の製品や技術をすばやく真似るため、商品はコモディティ化し、さらなる競争激化を招いている。

選択肢の増加によって、顧客は欲しい商品を廉価で入手できるようになったが、在庫過剰と売上の低迷に悩むメーカーは値下げという手段に頼らざるをえない。ところが、その結果として生じる価格競争は、利益や株価にダメージを与えてしまう。現に、価格競争によって業績不振に陥った企業の倒産件数が増えている。ユナイテッド航空やUSエアウェイズの経営破綻はその典型例だ。一方で、顧客は価格のことしか考えなくなり、ロイヤルティを持たなくなった。

★1 U.S. Census Bureau, "Manufacturers' Utilization of Plant Capacity: 1997-2001" (U.S. Department of Commerce, Washington D. C.), October 2002, www.census.gov/prod/2000pubs.

たとえば電話会社は、契約の変更を促す売り込みによって、契約中の顧客のロイヤルティを低下させている。

価格競争や商品のコモディティ化、顧客ロイヤルティの低下などは、総じて見れば、経営者にとって不安定な環境を作り出しているはずだ。

裏切り行為に対する「罰」

顧客は今や、プッシュ・プル型のマーケティングに否定的である。先に述べたように、ポップアップ広告はスパムメールと同じくらい嫌がられている。

消費者が否定的に反応するのは、テレビよりもインターネットでの強引なマーケティングだ。決まった時間に流れるテレビのコマーシャルに対して、「とても腹立たしい」と答える人の割合は一五%にすぎない。しかし、インターネットに割り込んでくる広告に対する嫌悪感は、テレビよりもはるかに高い。人々はインターネットを、個人が自分で情報を収集・選択できるメディアだと思っている。だからこそ、その期待が裏切られると、顧客は困惑する。

ヤンケロビッチ社による二〇〇四年の調査では、「強引なマーケティングや宣伝を展開する企業の製品を買わないようにしている」と答えた消費者は五四%にのぼっている。[★2] ポップアップ広告を遮断するためにブラウザのツールを使ったり、ソフトウエアをインストールしたりしているユーザーが多いことも前述したとおりだ。[★3] 顧客は、企業に追いかけ回されるのを好まないのだ。

★2 Smith, J. Walker, Ann Clurman, and Craig Wood. *Coming to Concurrence* (Ra-Com Communications, Evanston, IL), 2005, p.128.

★3 Neff, Jack. "Spam Research Reveals Disgust with Pop-up Ads." *Advertising Age*. vol.74, issue 44, August 2003.

プッシュ・プル型のマーケティングによって信頼を失えば、企業の不利益はより大きくなる。企業の行動を信頼できなくなれば、顧客はその会社の商品を買わなくなる。また、スタンフォード大学の最近の研究によれば、信頼されている企業が粗悪な製品やサービスを提供した場合には、もともと期待されていない企業よりも大きな罰を受けることが多い。★1 この点には注意が必要だ。顧客の期待に添えない企業は、顧客を期待させてはいけない。信頼は、得るのは難しいが、失うのは簡単なものである。

プッシュ・プル戦略の終焉

これまで見てきたように、カスタマー・パワーの増大によって、マーケティング環境は劇的に変化している。また、その傾向はアメリカのほとんどの産業で顕著である。この傾向が続く限り、企業はマーケティング戦略を大きく方向転換する必要があるだろう。

一九五〇〜〇〇年までの五十年間は、「プッシュ・プル戦略の時代」だった。テレビをはじめとする最新技術の活用と、顧客からの需要の高まりがそれをもたらした。当時はパワーを持っていた企業が顧客に無理やり製品を買わせていた。

これに対して、二〇〇〇年は新たなパラダイムの到来を告げる年だった。インターネットという新しい技術の台頭、市場の飽和、メディアの影響力の低下、そして市場での競争激化。顧

★1 Aaker, Jennifer et al. "When Good Brands Do Bad." *Journal of Consumer Research.* 31(2004) p.1.

客は、このような状況の下で主導権を獲得し、今や企業よりも優位に立っている。企業が強引に商品を販売することは、ますます難しくなる。

プッシュ・プル戦略の時代は終焉を迎えている。そして新たなマーケティングのパラダイムが生まれつつある。それが本書のテーマ「アドボカシー」である。

カスタマー・パワーの増大の結果として、「アドボカシー戦略」という新しいマーケティング戦略論が必要になっている。本書では、この戦略論を示した上で、アドボカシー戦略に対する自社の適性の見極め方や、戦略の遂行に必要な、顧客との信頼関係の築き方を説明する。また、ビジネスに適用できる、アドボカシー実践のためのツールを紹介する。そして、カスタマー・パワーの時代において成功するために必要なリーダーシップや、社内の部門間協力を実現する要件を明確にする。企業文化の変革、社員への動機づけ、成果を評価する基準の確立、組織の再編のために必要なことが分かるだろう。また、本書の最後では、アドボカシー戦略の未来について述べ、この戦略が単なる選択肢の一つではなく、これからの企業が避けて通れない要件になることを論じる。

他社に先んじてアドボカシー戦略を採用する企業は大きな利益を得る。逆に、アドボカシー戦略で遅れをとれば、不毛な競争に陥り、不利益を被る。カスタマー・パワーが増大する今、プッシュ・プル戦略や、リレーションシップ戦略だけでは十分ではない。これからは、アドボカシー戦略こそが競争力の鍵になるのだ。

chapter 2

第三のマーケティング戦略

カスタマー・パワーの増大に、企業はどのように対応すべきだろうか。企業が取りうる道は三つある。

従来のプッシュ・プル型のマーケティングの拡大
顧客とのリレーションシップの強化
そしてアドボカシー戦略の導入

ここではまず、三つの戦略を紹介する。そして、前章で述べたパラダイムシフトによって、アドボカシー戦略こそが残された唯一の道であることを示そう。

三つのマーケティング戦略

❶プッシュ・プル戦略

カスタマー・パワーの増大に対して、古き良き時代のマーケティング手法で立ち向かおうとしている企業は少なくない。メディア広告によるプル戦略や価格プロモーションによるプッシュ戦略を強化したり、時には一方的なコミュニケーションで人を惑わすこともある。

この戦略は過去五十年にわたってマーケティング活動の中核をなしてきたが、現代の消費者は、賢く、とらえどころがなくなっている。企業が情報提供のために用いるメディアも、膨大な情報にさらされている現代の消費者に対しては以前ほどの効力を発揮していない。メディアの細分化、消費者の不信感、時間に追い立てられる現代のライフスタイル。こうした状況において、「無防備な顧客に情報や製品を押し付ける」という従来型の手法は、苦戦を強いられる。

アメリカのマスメディアの全盛期には、誰もが地元の新聞を読み、三大テレビ・ネットワークのどこか一つにチャンネルを合わせていた。企業は、いずれかのマスメディアを通して、膨大な数の消費者に広告メッセージを届けることができた。だが、今日のアメリカでは日刊紙の読者は少数派だ。テレビの全国ネットワークも次々に現れるケーブルテレビ局に市場シェアを奪われている。さらにインターネットが、アメリカ人の関心を個々のウェブサイトへ向かわせている。プライムタイムにおけるテレビの全国ネットワークの視聴シェアは一九七〇年以降低下し続け、五〇%にまで落ち込んだ。現在の視聴者は、ケーブルテレビや衛星放送を通じて、何百ものチャンネルを受信できる。このため、テレビの影響力は失われてしまった。

マーケターが何百万もの視聴者に対してメッセージを送り込むことは、ますます難しくなっている。にもかかわらず、驚くべきことに、広告コストは下がるどころか増える一方だ。三大ネットワークでは、プライムタイムの視聴者一〇〇〇人あたりの広告コストが、二〇〇〇〜〇三年の間に一八%も上昇している。[★1]

見込み客に向けてCMを流しても、実際に見てくれるのは三分の一にすぎない。大半は音声を消すか、チャンネルを変えるか、部屋から出て行ってしまう。[★2] ヤンケロビッチ社が二〇〇四年に実施した調査によれば、視聴者の七九%(一九八六年の調査では五一%)がCMの間にチャンネルを変えるという。また、音量を下げる視聴者は五三%だった(一九八六年の調査では二五%)。[★3] テレビCMは、トイレ休憩や家族との会話、ゲーム、インターネットなどとの競争に勝てなかったのである。アメリカ人のインターネットへの週平均アクセス時間は十五時間で、テレビの視聴時間とほぼ同じだ。また、回答者の三六%が「テレビを見なくなった」と答えている。[★4] 二十一歳以下の世代では、「テレビはまったく見ない。パソコンや携帯を使うほうが好きだ」という答えもあった。

インターネットに関しても、普及初期の一九九八年と二〇〇五年の間では顕著な変化が見られる。ターゲットを巧みに絞ったポップアップやバナー広告によって、クリックスルー率が

★1 Media Dynamics, Inc. *TV Dimensions 2003*. p.74.

★2 Tandemar Corporation, "Quality of TV Viewing Experience." (Tandemar Corporation, Canada) 2000.

★3 Smith, J. Walker, Ann Clurman, and Craig Wood, *Coming to Concurrence* (Racom Communication, Evanston, IL, 2005), p.125.

★4 Jupiter Research, "Marketing and Branding Forecast: Online Advertising and E-mail Marketing Through 2007," *Marketing and Branding*, v.2 (Jupiter Research, New York, NY) 2002.

急激に下がっているのだ。今や、ISP（インターネット・サービス・プロバイダー）やソフトウエア・ベンダーは、ポップアップ広告やスパムメールを遮断する機能を売り物にしている。ジャンク・メールを簡単に消去するばかりか、コーラーID（発信者番号通知）や留守番電話、着信拒否などの手段によって電話の着信を選別することもできる。

こうしたことから、従来のプッシュ・プル型のマーケティングの費用対効果は大幅に低下している。現代社会では、メディアの多様化が進み、顧客の関心があちこちに分散しているのだ。それでも企業は、プッシュ・プル戦略を推進し続けようとするかもしれない。工夫を凝らしたおもしろい広告であれば、顧客の興味を引くことができる。メディアを十分に絞り込み、洗練されたターゲティングを行えば、目標となるニッチ層にメッセージを送り込めるだろう。

しかし、強引なプッシュ・プル型のマーケティングは、見せかけの勝利しかもたらさない。誇大広告や違法すれすれのいかがわしい価格戦略によって一時的に売上が伸びたとしても、結局は顧客を失ってしまうだろう。カスタマー・パワーがかつてなく強まった現代社会では、顧客は必ず真実を見つけ出すからだ。

❷リレーションシップ戦略

以前より強い力を持っている顧客にアピールするため、リレーションシップ戦略をとることも考えられる。顧客満足度の測定と明示、一貫性のある顧客インターフェースの構築、TQM（Total Quality Management：統合的品質管理）による質の高い製品の製造、そして、個人向けサービスのさらなる充実。多くの大手企業が、ここ数年、こうした方法によって、改めて顧客に焦点を当てている。

その取り組みを支えるCRM（Customer Relationship Management）ソフトウエアは、ワン・トゥ・ワン・マーケティングに必要なデータや機能を企業に提供するとともに、一貫したワンストップ・サービスのためのインターフェースを構築する。CRMは、企業が個々の顧客を理解したり、顧客ごとに一貫したメッセージやサービスを提供したりする上で役に立つ。顧客の「習慣」を知ることによって、ターゲット顧客を明確に絞り込み、彼らの心を引き付ける情報提供やプロモーションを、以前よりも効果的に行うことができるのだ。

企業がデータの使い方に細心の注意を払う限り、顧客は「一対一の関係の重視」というこの新しい傾向を歓迎するかもしれない。CRMの理想は、企業と顧客の間により緊密で前向きな関係を築くことにあると言われている。

しかし現実には、企業は顧客のプライバシーを侵害するようなマーケティング活動に陥りがちだ。CRMのプログラムは、巨大なデータ・ウエアハウスの構築とデータ・マイニングを基調にしている場合が多い。それは相手の承諾の有無に関係なく、特定のセグメントに向けてEメール、電話、インターネットによるプロモーションを強引に展開する。つまり、現実のCRMは、プッシュ・プル型のマーケティングを、以前より効率良く推進するためだけに使われているのだ。

神経を逆なでするほどの強引なクロスセリングを展開する企業を、顧客は「図々しい知り合い」のように思いかねない。そして、その会社との接触を避けるべく、別の会社へ乗り換えてしまうだろう。ＣＲＭを導入した企業の五五％が失敗に終わっているのも無理はない。★1 プッシュ・プル型のＣＲＭは、カスタマー・パワーが支配する現代社会ではうまく機能しないのである。

必要なのは、顧客との長期的な関係を築くことによってＣＲＭの理想を追求することだ。だが、それだけでは十分ではない。アドボカシー（顧客支援）こそ、有効で新しい戦略である。

❸ アドボカシー戦略

顧客利益を忠実に代弁するアドボカシー戦略のアプローチでは、企業は顧客や見込み客に対して、あらゆる情報を包み隠さず提供する。

つまり、顧客が最高の製品を見つけられるように企業がアドバイスする。しかも、その製品は自社製品とは限らない。競合他社の製品を薦めることさえあるのだ。愚かなことだと思うかもしれない。しかし「真実はいずれ顧客に知り尽くされる」という現実は、このアプローチの妥当性を証明している。企業が真実を歪めても、顧客はそのことを見抜いてしまい、場合によっては報復するからだ。もちろん、顧客に対して誠実であるためには、当然ながら非常に質の良い製品が必要だ。しかし最高の品質でなかったとしても、そのことを包み隠さず説明するのがアドボカシー戦略である。

またアドボカシー戦略は、顧客に向かって「一方的に」意見を押し付けるものではない。

★1 John Freeland, *The Ultimate CRM Handbook* (McGraw Hill, New York, 2003) p.3.

企業と顧客の双方で意見を交わし合うのだ。あなたの会社が顧客を支援すれば、顧客は信頼、購買、長期のロイヤルティによって報いてくれる（**図1**）。これは、企業と顧客がお互いの利益のために形成するパートナーシップ（協力関係）と言うこともできる。企業が顧客の利益のために働くのに対し、顧客はあなたの会社の製品を購入し、製品の改善にも協力するのだ。

つまり、企業と顧客の間に、持ちつ持たれつの協力関係が成り立つのである。重要なのは、顧客が他の顧客に対して、あなたの会社や製品について話してくれるだろうということだ。あなたの会社との前向きなパートナーシップについて、顧客が誰かに話してくれれば、あなたの会社は顧客獲得コストを減らすことができる。しかも、あなたの会社の製品に対する顧客の選好度はますます高まる。

顧客を支援する企業は、以前より多くの人々に向けて、さまざまな製品を売り出す機会を得ることができる。そして顧客やその友人に選ばれれば、売上は増加する。また、正当かつ妥当な価格で付加価値を提供していることが顧客に認められれば、長期にわたって大きな利益がもたらされるだろう。

図1　企業は顧客を支援し、顧客は企業を支援する

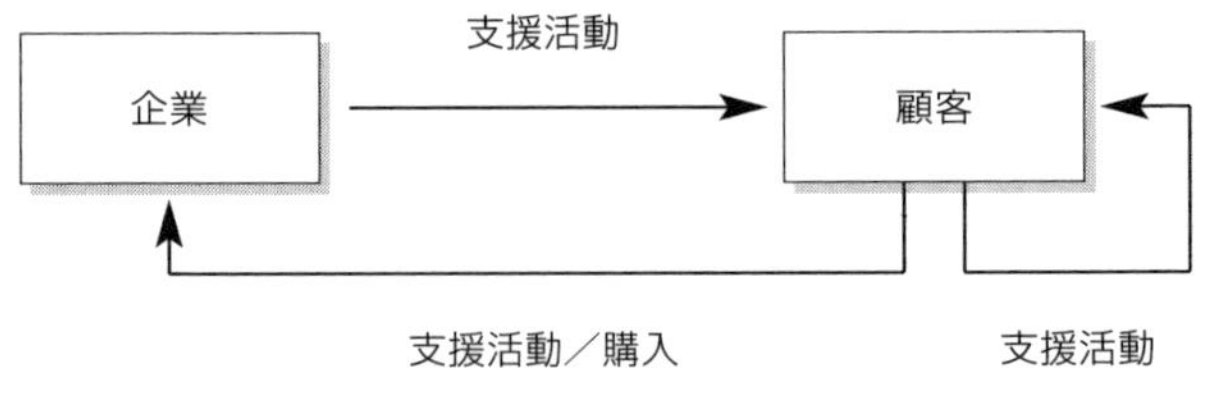

アドボカシー・ピラミッド

図2は、アドボカシー戦略の基礎を定義する「アドボカシー・ピラミッド」だ。

ＴＱＭと顧客満足はピラミッドの土台であり、いずれもアドボカシーの必要条件である。あなたの会社が本気で自社製品を顧客に薦めたいのなら、まず、薦めるに足るだけの優れた製品を作らなくてはならない。次に、ピラミッドを中央で支えているのはリレーションシップ・マーケティングである。ＣＲＭは顧客に対する支援のパーソナライゼーション（個別化）に必要なツールを提供する。そして、ピラミッドの頂点に当たるのが、「アドボカシー（顧客支援）」である。

このピラミッドの頂点に達した企業は、一方的なプロモーションやコミュニケーションではなく、顧客との信頼関係やパートナーシップを築くためにＣＲＭや関連システムを活用し、顧客が最善の決断を下せるよう公正な情報を提供する。これはＣＲＭの本来の利点を十分に活かすことであり、「理想のＣＲＭ」の実現と言うこともできる。

企業はこれらを活用して顧客との対話を行い、顧客が市場で最高の製品を入手できるよう支援しなくてはならない。焦点の定まらないプロモーションや、顧客のニーズとほとんど関係のない誇大宣伝はやめるべきである。

図2 アドボカシー・ピラミッド

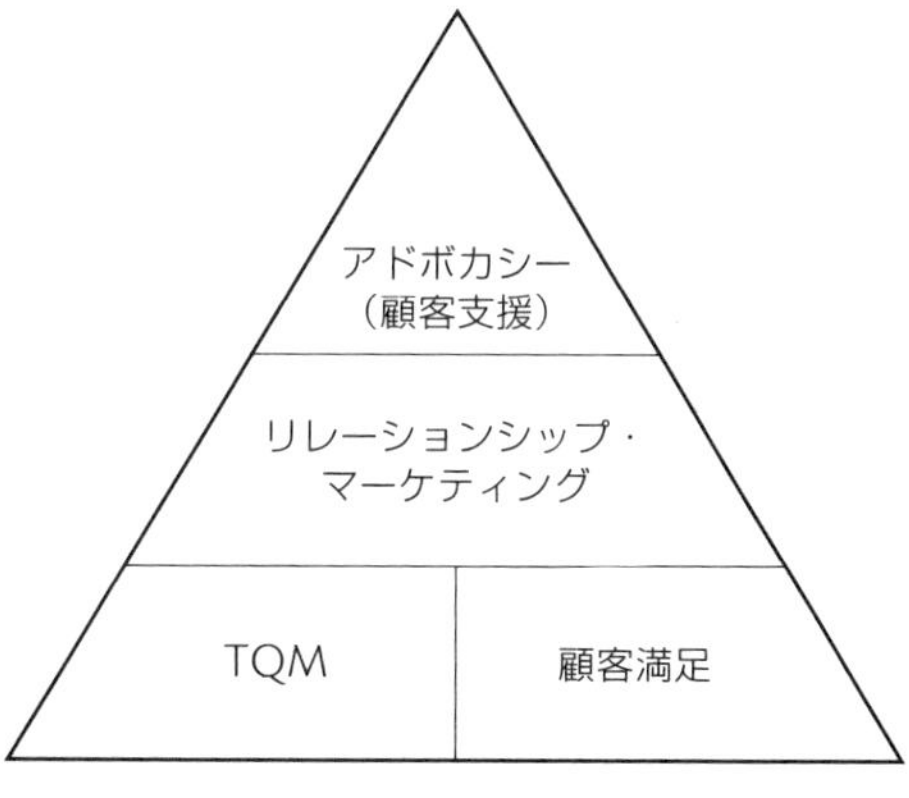

アドボカシー戦略の効果

リレーションシップ・マーケティングの基本は、「顧客を理解し、そのニーズを満たす」ことにある。これに対してアドボカシーは、「顧客の利益の最大化や顧客とのパートナーシップの構築」を基礎としている。企業は顧客に焦点を当てるだけでなく、「主導権は顧客にある」という認識から出発し、良き友人として顧客の利益を積極的に代弁する。顧客が購買行動において最善の決断を下せるように力を貸せば、その企業は成功するのだ。

この根底には、「企業と顧客双方の利益を求める」という哲学が存在する。企業は顧客への支援を通じて顧客が本当に欲している製品やサービスを知り、顧客にとって最もふさわしいであろう製品を提供する。そして顧客は、その企業について誰かに話し、その企業に対する長期的な信頼やロイヤルティを保つことによって企業を支援するのだ。

「アドボカシー」という概念は、戦略的マネジメントの過去の業績から導かれたものだが、そこには、画期的な原理、ツール、戦術がある。その要点を次に述べる。

❶ 企業ではなく親友のようなアドバイス

顧客は、自分にとって最高の商品を選ぶために、公平なアドバイスと完全な情報を必要としている。顧客にとっての「最高の商品」が、メーカーに最大の利益をもたらすとは限らない。

それはむしろ、親友が薦めてくれるような製品でなくてはならないのだ。

あなたの会社のアドバイスを受け入れるほどの信用や意欲を顧客に持たせるには、インターネットでも対面でも、十分な訓練を受けたアドバイザーの活用によって顧客との信頼関係を構築しなくてはならない。顧客視点に立った、公正で豊富な知識を持つアドバイザーは、自社製品を通して顧客を支援する。現に顧客は、効率よく的確な決断を下したいがために、これまで以上にアドバイザーを求めている。アドバイザーを信頼することで、時間をかけずに、より良い決定を下したいと願っているのだ。

❷ 競合他社との率直な比較

顧客のために、自社製品に関するアドバイスを与えることは有益だ。しかし、本当の意味でのアドボカシーを実践するには、自社製品はもとより、市場に出回っているあらゆる製品についてアドバイスや情報を顧客に提供することが必要である。

たとえ自社製品が最高でなくても、他社製品との比較を正直に示さなければならない。企業がそうしなくても、顧客は遅かれ早かれ、自分で情報を探して製品を比べるからだ。企業は自社に関する透明性から一歩踏み出し、顧客にとって最大の利益をもたらすべく積極的に活動しなくてはならない。また、製品の比較や顧客へのアドバイスの際に、自社製品を真っ先に薦められないのであれば、そうできるように製品を改良しよう。

直感的に分からないかもしれないが、考えてみるといい。企業は、自社製品に一カ所でも欠陥を認めれば、その製品の生産ラインを止める。それと同じことだ。最高の製品を提供しようという経営者の真剣な姿勢が社員の目にも明らかになれば、製品の質が向上するだろう。

❸宣伝やプロモーションにかかるコストの削減

広告・宣伝の顧客への到達度と効果は低下の一途をたどっているが、視聴者千人あたりのコストは上がり続けている。そのため、テレビCMの費用対効果は落ち込む一方だ。今後は宣伝活動への支出を控えざるを得なくなるだろう。

もっとも、このような状況においては、支出の抑制以上に重要なことがある。カスタマー・アドボカシーの観点で、偏りのない情報の提供に専念することだ。製品の比較実験を行い、顧客と企業との対等なコミュニティを形成することに、より多くの資金を投入すべきである。プロモーションは、商品の購買にはなかなか直結しない。必要なのは、従来の宣伝予算を製品改良や、信頼できる新しいコミュニケーション・チャネルの確立に充てることだ。

また、アドボカシーは、以下の四つの領域において、ビジネス全体における効果を発揮する。

❶顧客獲得コストの削減

アドボカシーによって、二つの方法で顧客獲得コストを削減できる。まず、新規顧客の獲得コストを削ることが可能である。企業は、誰もいないソファに向かって無駄なコマーシャルを流す代わりに、クチコミによって顧客を獲得するようになるからだ。

もう一つは、高い成長率を維持する上でハードルとなる、新規顧客の必要数を減らせることだ。多くの企業は、不満を感じて去った顧客の後釜に、絶えず新規顧客を充当しなければならず、四苦八苦している。だが、アドボカシーによってその負担は抑えられる。アドボカシーを基本とする企業は、優良顧客を維持できるのだ。

❷利益率の向上

信頼を獲得することで、企業は自社製品やサービスの価格を上げることが可能になる。顧客は、信頼できるサプライヤーから質の高い製品を入手するためなら、高い出費もいとわない。もちろん値引き交渉が好きな顧客もいるが、多くの顧客は、今より高いお金を払ってでも今以上のものを得ようとする。時間に追われる現代社会の消費者は、欠陥品や問題の発生を避けるために、信頼できるブランドにお金を払うのだ。

❸成長

アドボカシーによって、多彩な製品やサービスを市場に投入することが可能になる。また、優良顧客について顧客シェア（顧客一人あたりの総支出に対する自社製品・サービスへの支出割合）を広げられる。

顧客は、ある企業を信頼すれば、その企業の製品やサービスのカテゴリーや数が増えるのを期待する。プッシュ・プル型のマーケティングを行っている企業は、アップセリングやクロスセリングでその期待に応えようとする。しかし、アドボカシー戦略を導入した企業は、顧客が企業の推奨するものを信用するようになるので、それ以上の成功を収める。顧客を理解し、尊重することによって、顧客との取引を発展させていくのだ。

❹ 長期的な競争優位

アドボカシーは、長期にわたって競争優位を構築する土台となる。信頼を勝ち取った企業は、顧客の欲求を推測するまでもなく、顧客とその購買行動を十分に理解することができる。顧客も、その企業が新しいヒット商品を生み出せるよう協力する。そして両者の信頼関係によって作られたブランドは、その企業の評価を高め、長期的な優位をもたらす。顧客は、不安定な時代だからこそ、信頼する企業から離れようとはしないものだ。

このようなメリットは、個人との取引よりも法人顧客との取引によく当てはまる。生産財の分野では、企業の総売上の八〇％を、全体の二〇％の営業スタッフが稼ぎ出すと考えられているが、彼らは依頼主である企業との信頼関係を築くことで自社に大きく貢献している。

カスタマー・パワーは、Ｂ２Ｂの取引でも高まっている。ウォルマートやソニー、ＧＭなどの企業は、いずれもサプライヤー評価プログラムを備え、サプライヤー・スコアカードや事前認可制度、ＩＳＯ９０００品質管理基準の遵守要件などを整備している。

また、多くの企業は、サプライヤーに対する追跡調査・評価を行うためにさまざまなソフトウエアを使っている。ＥＲＰ（統合業務ソフトウエア、Enterprise Resource Planning）やＳＣＭ（サプライチェーン・マネジメント、Supply Chain Management)、SPM（サプライヤー・パフォーマンス・マネジメント、Supplier Performance Management）などのソフトウエア・パッケージである。顧客企業が、当のサプライヤーよりも質の高い評価データを持っていることさえある。

日用品は、コスト志向のプッシュ・プル型のアプローチでも十分に販売できるかもしれない。だが、企業の商品開発力や技術力と密接に関連する、戦略的な原材料や部品については事情が異なる。サプライチェーンでは企業間の信頼関係が非常に重要であり、戦略的なサプライヤーと、長期的な関係を構築しなければならない。

顧客企業の製品のためだけに設計された部品をサプライヤーが提供する、サプライチェーンにおける共同生産体制は、信頼にもとづく戦略的関係の典型例である。生産性の向上を図ってカンバン方式やアウトソーシングを導入すれば、その企業はますますサプライヤーに依存せざるをえない。そのためサプライヤーは、信頼に値する存在でなければならないのだ。

先行者利益をつかめ

プッシュ・プル型のマーケティング戦略は、過去五十年にわたるマスメディアの時代に適していた。しかし、マーケティングのパラダイムは、プッシュ・プル戦略からリレーションシップ戦略を経て、アドボカシー戦略の時代へと移りつつある。増大するカスタマー・パワーが、この動きに拍車をかけている。
マーケティング戦略の世界では、先手を打った者が得をする。いったん特定の企業と信頼関係を築いた顧客は、そう簡単に競合他社に乗り換えないからだ。

信頼関係は、新規参入者から身を守る障壁になる。ある企業に対する顧客のロイヤルティが強ければ、競合他社は、彼らから信頼を得るためにより多くの時間と資源を費やさざるをえない。二番手の企業にとって、信頼関係は「鶏が先か、卵が先か」という類の問題である。売上が伸びなければ顧客との信頼関係を生み出せないが、同時に、顧客からの信頼がなければ売上を伸ばすことはできない。先発企業がアドボカシー戦略を用いて革新し続ける限り、後発企業が競争を挑んでも、優位を奪取するのは難しいだろう。逆に、競合他社が顧客の信頼を先に獲得してしまえば、自社の成長や利益は危険にさらされる。

もちろん信頼関係の構築が、どのような状況でも最も適した対応であるとは限らない。一時的に売上減少を招く恐れもある。それでも、革新的な企業はＣＲＭを超えてアドボカシー戦略の導入へ向かっている。早くからこの戦略を導入している企業は、顧客への支援に加えて、パートナーとしての関係を結ぶためのアクションプランを策定している。

アドボカシーは、今後十年の間に、企業の行動規範として広く認知されるようになるだろう。先発企業だけでなく、他の企業も、この新たなパラダイムにおける競争の仕方を学ばなくてはならないはずだ。そこで次章では、いくつかの業界におけるアドボカシー戦略の導入事例を見ることにする。

column

1

イーベイ――「信頼」が生み出した新たな市場

ピエール・オミディアは、ガールフレンドが趣味で集めていたペッツ・キャンディー・ディスペンサーの交換取引に協力しようと、一つのサイトを立ち上げた。これが、インターネットのキラーアプリケーションになろうとは、いったい誰が想像しただろうか？　会ったこともない何百万もの人々が、インターネット上で何十億ドルもの商品を売買することを予測した人がいただろうか？

今や、何千台もの中古車までもが取引されている。これがまさにイーベイなのだ。二〇〇三年には、このオークション・サイトで、二〇〇億ドル以上に相当する商品が取引された。[★1] イーベイ自体が経済の縮図であり、信頼によって生み出されたカスタマー・パワーと利益の結晶でもある。

イーベイ成功の鍵は、落札者と出品者が互いに信頼を分かち合える仕組みにある。イーベイはこの仕組みによって、新しい取引市場を作り出すことができた。落札者と出品者は、取引が終わるたびに、お互いを評価し合う。落札者は出品者を「良い」「普通」「悪い」のいずれかで評価しコメントを加えることによって、フィードバックに参加する。出品者も同じだ。この出品者が次に商品を出すときには、商品の

★1　Maney, Kevin. "The economy according to eBay" USAToday.com, http://www.usatoday.com/money/industries/retail/2003-12-29-ebay-cover_x.htm, December 2003.

隣に星のマークが表れる。それは出品者がこれまでに得た「良い」コメントの比率を示している（フィードバック・スコアが一〇〜四九点で黄色い星、五〇〇〇〜九九九九点で緑色の星、それ以上のスコアは流れ星で表示）。つまり、すべてのオークションに、出品者の評判をわかりやすく示す情報が載せられているのだ。

　この評価システムによって、入札者と出品者はお互いに信頼し合いながら、現物を見ずに大金をやり取りする。さらにイーベイでは、高い評価を獲得して「良い」コメントの比率を九八％で維持してきた出品者を「パワーセラー」へ昇格させている。その場合には、オークションに出した品物の隣に「パワーセラー」マークが表示されるようになる。

　入札者の評価によって、出品者との間に信頼関係が築かれるだけでなく、利益ももたらされる。複数の取引によって落札者から高い評価を得た入札者は、「信頼できる売り手」とみなされるため、出品物を高値で売りさばくことができる。実験したところ、評価もリピート率も高い出品者の品物には、その他の点でまったく条件の同じ品物よりも七・六％高い値が付けられた。★1 イーベイのフィードバック・システムは、「高い評価を得れば高い価格を設定できる」という透明性を落札者に保証しているのだ。

　またイーベイは、不正行為を積極的に防止するプログラムによって、詐欺行為を取引全体の〇・〇一％以下に抑えている。★2 まずイーベイの支払いに利用できるペイ

★1 Resnick, Paul, Richard Zeckhauser, John Swanson, and Kate Lockwood, "The Value of Reputation on eBay: A Controlled Experiment." Working Paper RWP03-007 (John F. Kennedy School of Government), July 6, 2002.

★2 Mainelli, Tom. "eBay Identity Theft Hits Close to Home." Quote from Kevin Pursglove, eBay spokesman, CNN.com, http://www.cnn.com/2002/TECH/internet/02/18/ebay.identity.theft.idg, February, 2002.

パルは、クレジットカード会社とともに、詐欺による損失から落札者を保護している。さらに、過去三十日間にＩＤを変えた参加者には、何か理由があることを示唆するために、サングラスのマークがつけられている。あるいは、参加者がＥメールで質問することによって、出品された商品だけでなく出品者自体を知ることを奨励し、出品者の疑わしい行動に気づけば、参加者がすぐに報告できる仕組みを構築している。

高価な品物の取引には、エスクロー（第三者預託）サービスを提供している。エスクロー社（Escrow.com）は、出品者と落札者がそれぞれ代金と品物を手に入れることを保証する。スクエアトレード（Squaretrade.com）という別のパートナー会社は、イーベイの評価システムを円滑に機能させるために、ＩＤ認証や紛争解決といったさまざまなサービスを提供している。たとえば、出品者による詐欺から落札者を守るために表示するシールの発行や、落札額から免責額の二十五ドルを差し引くことを条件にした二五〇〇ドルまでの落札保証が受けられるのだ。

イーベイは、このように信頼を生み出すサービスのおかげで、何百万人もの匿名の人々による取引を支援し、発展させている。中古車売買市場でもシェアを伸ばし、二〇〇二年には二十五億ドルの売上を記録した。★3

イーベイの中古車販売システムに強い信頼を置く落札者は、ウェブサイトでしか見たことのない中古車を引き取るために、遠路はるばるやって来る。アメリカでは、

★3 Wingfield, Nick and Karen Ludegaard. "Clicking the Tires: ebay Is Emerging As Unlikely Giant in Used-Car Sales." Wall Street Journal, Feb.7, 2003, p.A1.

一般に、ほとんどの車が中古車ディーラーで販売されているが、中古車ディーラーは、オフラインの世界では最も態度が悪い販売業者である。しかし、イーベイの出品者評価システムは、ディーラーに公正な姿勢と信頼性を要求している。イーベイでは評価が売買の成否を左右するため、中古車の出品者は、売りたい車の特徴を、欠点も含めて非常に詳しく記載している。

今日、あらゆる商取引の基礎となる信頼関係を築くために、透明性と評価がますます重要な役割を果たすようになっている。そのことをイーベイは、身をもって示しているのだ。

chapter 3

業界を革新する カスタマー・パワー

インターネットはカスタマー・パワーを驚くほど増大させ、顧客と企業の関係を根底から変革した。一九五〇年代にはテレビが、ブランディングとプロモーションというマーケティングにおける重要な要素を生み出した。その役割をインターネットが今、果たそうとしているのだ。

本章では、前章で概要を説明した考え方について、さらに詳述する。そして、各業界での実例を用いて、カスタマー・パワーの増大がプッシュ・プル戦略からアドボカシー戦略への移行を促していることを示す。

プッシュ・プル戦略とアドボカシー戦略のバランス

カスタマー・パワーの増大を受けて、プッシュ・プル型のマーケティング戦略からアドボカシー戦略に移行する企業が出てきている。もっとも、現実的には、これは完全な二者択一の問題にはならないかもしれない。たとえば、顧客に応じて両方のアプローチが必要な場合もあるだろう。言い換えれば、プッシュ・プル型とアドボカシー型のマーケティング戦略は、産業や企業、製品やサービスの特性に応じて、最も有効であるようにバランスをとる必要があるのだ。

図1は、プッシュ・プル型とアドボカシー型のマーケティング戦略のバランスを、天秤を使って表したものである。天秤の両端には、それぞれプッシュ・プル型とアドボカシー型のマーケティング戦略が位置する。ただし、両者は相反する関係にあり、究極のプッシュ・プル型モデルでは、アドボカシー型への志向はまったく存在しない。

プッシュ・プル型のビジネスモデルでは、企業は製品や

図1　プッシュ・プル戦略とアドボカシー戦略のバランス

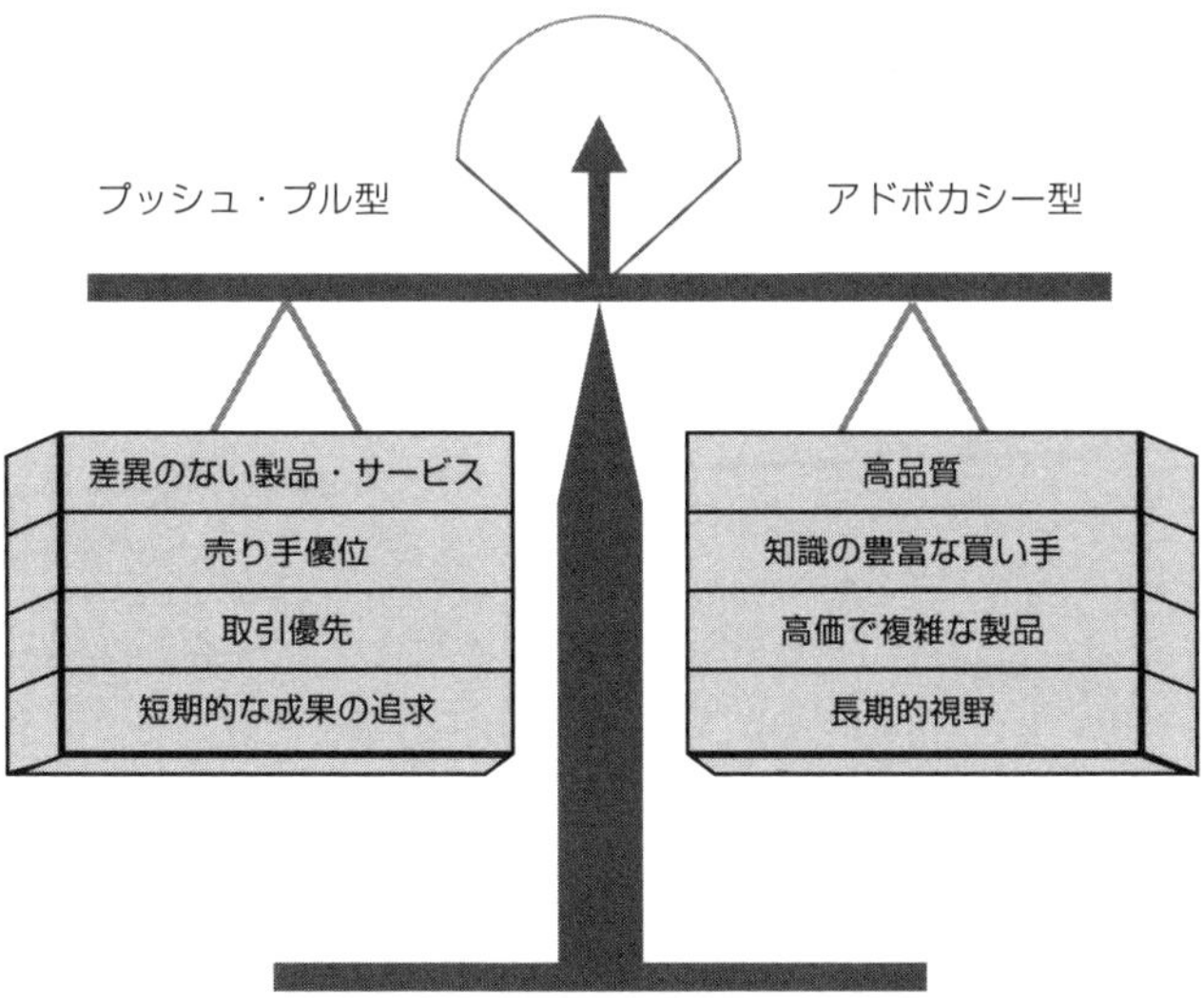

サービスを買わせるために顧客を巧みに操る。その目標は、マージンの高い製品を中心に、売上を最大化することだ。顧客の心を奪う派手な誇大広告を盛んに用いる。広告やマーケティングに際しては、製品の質よりも見かけを重視する。また、販売後のサポートを最小限に抑えるなど、コスト志向が強い。目標を次の販売に置いているのだ。

天秤の右側にあるアドボカシー戦略をとる企業は、どんなときにも顧客のために行動し、顧客の信頼を得ることを目指す。販売、マーケティング、注文処理、サポートをはじめ、どの部門も顧客との約束を守り、かつ約束以上のものを提供するために機能している。

アドボカシー志向の企業は無条件に顧客に奉仕する。顧客を満足させるためなら短期的利益に反して行動する場合もある。たとえば競合他社の製品を薦めたり、究極のサービスを行うためのコストを負担したりする。顧客との生涯にわたる信頼関係を築くため、非の打ち所のないほど誠実な企業という評判を得ようと努力するのだ。もちろん、顧客のニーズや状況の変化によっては、顧客を失うこともある。しかし、彼らはその企業の提供するサービスの質の良さを体験している。そのため顧客でなくなった後も、クチコミで評判を伝えてくれるなど、その企業のマーケティング部門の特派員として働いてくれる。

天秤の中間に位置する戦略は、顧客とのリレーションシップの構築に主眼を置いている。これはプッシュ・プル型からアドボカシー型に至るまでの進化の一段階になることが多い。企業は、顧客にふさわしい自社製品を提供することで、顧客ロイヤルティを生み出そうとする。競合製品との公正な比較までには至らないが、自社製品については網羅的で偏りのない情報を提供する。こうした企業は、製品やサービスの価値に即したプライシングを行っているため、顧客も自らの支払いの代価として得られるものをよく分かっている。この中間的なビジネスモデルには、構成要素の一つとして「信頼」が含まれている。このカテゴリーに入る企業は、顧客に約束したとおりの価値（製品の品質、適切な返品手続き、サービス保証など）を提供するのに十分な注文処理機能やサポート・サービスを備えている。

製品内容に差がなく、売り手が市場でパワーを持っている業界では、プッシュ・プル戦略を採用している場合が多い。顧客が価格に非常に敏感な場合にも当てはまる。また、短期的に成果をあげる必要がある場合にも、積極的なプロモーションなどのプッシュ・プル戦略が用いられやすい。一方、質が高くて差別化された製品を販売し、買い手に十分な情報を与えている業界では、アドボカシー戦略をうまく活用できる。顧客が自力で情報を入手し、製品を比較することができるからこそ、企業が自ら競合製品との公平な比較材料を提供することに意味がある。製品の質が高く、また製品について顧客からのフィードバックを得られる場合には、アドボカシー戦略は十分に機能する。

この戦略を促す要因としては、製品設計の複雑さとコストがあげられる。製品の購買行動に関するリスクや情報の不確実性が高い場合、顧客ロイヤルティを得るためには信頼性が非常に重要になる。長期的な価値を築こうという志向を持ち、かつ短期的な収益向上の圧力にさらされていない企業であれば、この戦略をとりやすい。また、長期的視点でＲＯＩ（投資収益率）を考えれば、初期コストが高くなることも容認できるだろう。

先に紹介した**図1**では、このような要因をレンガで表している。レンガを一個取り外した後のバランスの変化を見てみよう。製品に差があれば、「差異のない製品・サービス」のレンガを取り除く。市場における顧客のパワーが売り手企業を上回っていれば、「売り手優位」のレンガを除く。長期の成功に向けて努力していれば、「短期的な成果の追求」というレンガを外す。このようにレンガを取り除けば、天秤のバランスがアドボカシー型へ大きく傾く。

もっとも、**図1**に示した要因は一般的なものだ。現実的には、業界によって個々の要因の比重や影響は異なることがある。あなたの会社にも、さまざまなレンガがあるだろうが、そのバランスは市場の状態に応じて変わるだろう。このことをより具体的に理解するために、旅行、自動車、医療業界の事例を見てみよう。

旅行業界

旅行会社はもう不要？

旅行について考えてみよう。我々は、旅行の計画を立てるときに、いくつもの選択肢から航空会社、経路、運賃、出発時刻を選ぶ。さらに、レンタカーを予約したり、宿泊先を決めたりする。かつて、そのような選択に必要な情報の収集は、専門的なシステムを持つ旅行会社が一手に担い、五年前には旅行の予約全体の七五～八〇％が旅行会社を経由していた。

ところが、インターネットはこの仕組みを変えてしまった。旅行者は自分で、遠く離れた目的地についての情報を集め、コンピュータと連動した予約システムに直接接続できるようになったのだ。何十億ドル相当の航空券がオンラインで予約されることによって、業界の構造は大きな変貌を遂げている。

インターネットは、膨大な情報の貯蔵庫を構築すると同時に、広範囲なマーケティングやサービスの機会を生み出した。そして誕生したのが、オービッツ、トラベロシティ、エクスペディアなどの成長性があり収益性が高い大企業だ。その事業基盤はインターネット技術にある。オービッツのジェフ・カッツCEO（最高経営責任者）は、「インターネットは消費者の力を一〇〇％増加させた」と言う。**図2**に示したのは、オービッツの検索・比較エンジンである。このサイトには、指定されたフライトの料金だけでなく、一日早く（あるいは遅く）出発（帰宅）した場合に節約できる料金についてのアドバイスまで掲載されている。この例では、一日早く出発するか、一日遅く戻れば四十一ドル安くなる。

今や、観光目的の旅行者は、休暇の計画を立てるときに旅行会社をほとんど利用しない。一九九九年に三三％を記録した旅行会社の利用率は、二〇〇三年には二二％にまで減少し、さらに二〇〇四年には

図2 オービッツの料金節約オプション・プラン

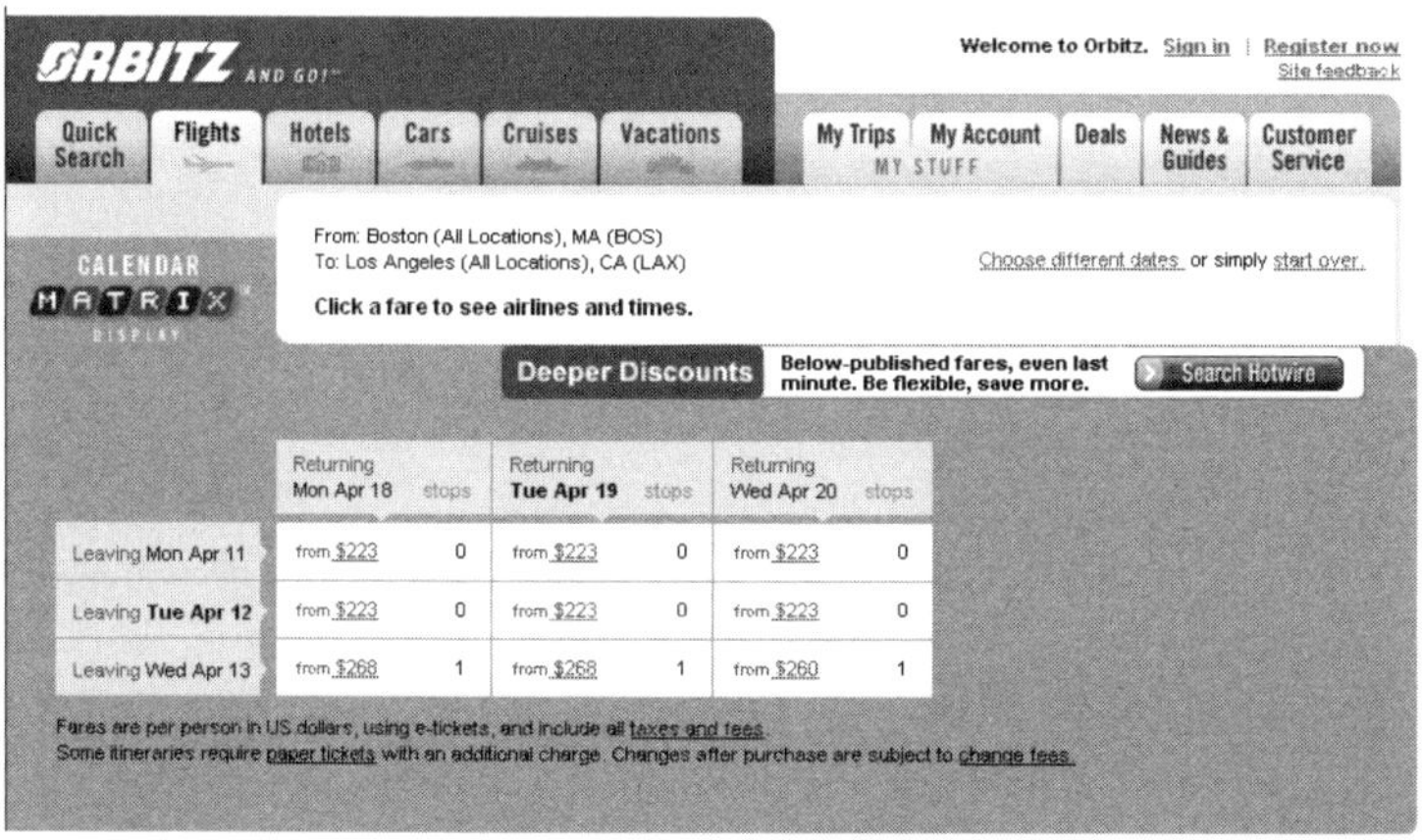

一六%にまで下がった。逆に、観光目的の旅行者が情報収集のためにインターネットを利用する割合は、二〇〇一年の時点では三六%だったが、二〇〇四年には五三%にまで伸びている。[★1]

インターネットは、旅行計画の新しい方法を可能にし、伝統的な旅行業界に対して消費者の影響力を強めている。その結果、過去五年間に廃業に追い込まれた独立系の旅行会社は数千にものぼる。また、航空会社はこれまで旅行会社に対してチケット代金の五~七%を手数料として支払っていたが、消費者が航空会社に直接アクセスしてくる以上、もはや手数料は払われない。そのため旅行会社は自社のコストに相当する料金を代金に加算せざるをえない。裏を返せば、インターネットを利用する消費者はこの種の追加コストを負担しなくて済むのであり、そのことがますますインターネットの利用を後押ししている。

厳しさを増す航空業界の狭間で

アメリカの航空業界では、一九六〇~七〇年代にかけて質の高いサービスを提供していた。航空会社ごとの差別化も見られた。当時の主な旅行者はサービスの内容や品質に敏感なビジネスマンであり、航空会社は長期的な視野の下、彼らの満足感とロイヤルティを得るために資金を投じていた。当時の航空業界では、天秤がアドボカシー型に傾いていたのである。

しかし、アメリカの国内航空市場は、一九八〇~九〇年代にかけて変化した。価格に敏感なレジャー目的の旅行者の増加を背景に、航空会社は競って乗客収容力を向上させた。だが急激な拡大により、収容力が需要を上回り、航空各社は座席を埋めるために「空席管理」による

★1　2004 TNS Plog American Traveler Survey.

運賃設定に頼るようになった。さらにビジネス旅行者と観光旅行者、予約客と当日客などを明確に区別した結果、国内線の運賃体系は複雑になり、サービスの質や内容ではなく運賃が、航空市場における最重要の要因となったのである。

また、各社が運賃の値下げやコスト削減に踏み切った結果、サービスの質ばかりか、顧客の満足度も大きく低下した。サウスウエスト航空やヴァージン航空のような格安航空会社が市場に参入すると、運賃はさらに低下した。一九九〇年代にはこの傾向はさらに激化する。そして二〇〇〇年代には、価格競争が当たり前になった。

しかし、アメリカ国内の旅行者数は、二〇〇一年九月十一日の同時多発テロ事件を境に減少に転じ、航空会社の業況は厳しさを増している。サービス内容に不満を持つ旅行客は、運賃を重視し、どの航空会社にもほとんどロイヤルティを持たない。パンアメリカン航空やトランス・ワールド航空のような大手航空会社は、市場から姿を消した。ユナイテッド航空やUSエアーウェイズなどは破産手続法の管理下で経営再建に取り組んでいるありさまだ。★2 このように、アメリカの航空業界は、ここ二十年の間に「信頼と品質の差別化」から価格競争やプッシュ・プル戦略へ急速に傾いてしまっている。

他方で、オービッツ、エクスペディア、トラベロシティなど、第三者による旅行予約・チケット販売業界は、顧客から高いレベルの信頼を得ている。それは、顧客に対して偏りのない情報を網羅的に提供し、顧客が最高のフライトを最も安い料金で見つけられるように手助けしているからだ。航空会社の利益ではなく顧客の利益の最大化のために尽くしている。

★2　2006年10月現在、両社は再建手続きを完了している。

買い手は十分に情報を得た上で、高品質で信頼できるサービスを提供する航空会社やホテルを予約できるようになった。こうした新しいサービスの登場によって、サービスの悪いフライトに乗ったり、不要な料金を払ったりする危険性は少なくなっている。その結果、これらの新しい会社は着実に成長している。

カスタマー・パワーの圧力

旅行予約の受付やチケット販売において、各社はプッシュ・プル戦略からアドボカシー戦略へとシフトしつつある。

この傾向は、ほとんどの顧客にメリットをもたらす。予約やチケットの入手が簡単になるのに加えて、費用を節約できるのだ。また、旅行者向けサイトを通じて、航空券の購入から、目的地にあるレストラン、観光ツアー、レンタカーの手配、宿泊に至るまで、あらゆる情報を得ることができる。旅行者は今や、いつでも自分で旅行の計画を立てられるのだ。価格もあらかじめ確認できる。瞬時に無数のフライトを検索できる。以前は知らなかった航空会社やホテルにもアクセスできる。旅行を快適にする、さまざまなサービスへのアクセスも可能だ。しかも、インターネットでこの種の情報を得るためのコストは、ほとんどゼロだ。価格と品質を十分見極めた上で取引できるようになったことにより、旅行代金の値下げが促され、サービスの質の重要性も高まっている。

また、カスタマー・パワーの増大は、法人顧客にも影響を及ぼしている。これまで多くの企業は、出張の手配を旅行会社に依頼し、委託料や手数料を支払っていた。大半の中小企業では、旅行への出費をチェックする職員もいなかった。しかし法人専門のオンライン旅行業者の登場によって、出費を適切に管理できるようになっている。

ゲットゼア・コム（GetThere.com）、ヤトラ・ネット（Yatra.net）、デルタ航空のMYOBトラベル・コム（MYOB Travel.com）、コンチネンタル航空のリワードワン・プログラムなどは、顧客プロファイルやリアルタイムの処理報告といった標準的な旅行管理ツールを提供しているだけでなく、複数の顧客の要求をとりまとめ、一括して航空会社やホテルなどのサプライヤーと交渉を行っている。ビジネス旅行市場では、これまで十分なサービスが提供されていなかったが、これらの業者は中小企業向けのインセンティブを追加し、オンラインでの直接予約を可能にした。たとえばMYOBトラベル・コムでは、顧客はサイトでの予約回数に応じて旅行代金の割引サービスを受けられる。こうした新サービスの登場によって、ビジネス目的の航空旅行に占めるオンライン取引の割合は、二〇〇一年の九・五％から、二〇〇三年には三四％にまで上昇している。★1

旅行業界の対応

旅行業界でも、アドボカシー型のビジネスモデルに転換し、カスタマー・パワーの増大を後押ししようとしている企業もある。また、インターネットをセグメンテーションのツールとしてうまく活用する企業も現れている。

★1 Reed, Keith. "Flight Control: Companies turn to online booking to cut travel costs." *Boston Globe*. 14 August 2003. pp.E1 and E4.

サウスウエスト航空のウェブサイトが好例だ。どの航路にも、「払い戻し可」「子供料金」「高齢者料金」「平日六時から十九時までの往復運賃割引」など、九つの料金モデルを用意している。また、予約のキャンセル分や未使用のチケットを新しい予約に使うことができるサービスを、オンラインで提供している。ある評価会社によれば、サウスウエスト航空のサイトは、旅行サイトのなかで顧客満足度が最も高いという。顧客満足度には、サイトの使いやすさ、情報の入手可能性、フライトオプション、価格、予約の所要時間、サービス品質などの要因が影響する。サウスウエストのサイトでは、顧客が入手できるものが明確に示され、その約束通りにサービスが提供されている。質と価格の相関関係がわかりやすく、しかも、顧客の期待を常に満たしている。だからこそ、サウスウエスト航空の顧客は同社を信頼しているのだ。

カスタマー・パワーの顕在化は、デルタ航空のような既存の航空会社にも当てはまる。デルタ航空のレオ・マリン元CEOによれば、同社はインターネットを活用して旅行者のセグメントごとに多彩で付加価値の高い提案を行い、収益を拡大しているという。★1 また同社では、他の格安チケット販売サイトと提携して、正規販売で残った座席のチケットを売却しており、座席の予約を効率よく管理している。さらに同社では、提携サイト経由で入手した顧客データを活用し、ターゲティングした顧客に合ったプロモーションを展開している。こうして、料金に敏感な旅行者を、優良顧客へ変えているのだ。

オービッツ、エクスペディア、トラベロシティなどのオンライン旅行サイトでは、デルタ航空と同様に、カスタマー・パワーのさらなる強化を目指している。

★1 レオ・マリンは、2004年5月にデルタ航空のCEOを退任した。

トラベロシティのビジネスモデルは、多様な旅行プランの中から、顧客に最高の価値をもたらすプランを提供することだ。同社のロイヤルティ担当部長マイク・ステーシーは述べている。「私どもは、多種多様な品揃えと取引形態、そして年中無休でご利用いただけるカスタマーサービスを提供しています。これによって、お客様にお金だけでなく、時間も節約していただいているのです」

航空券を販売するだけではない。アメリカの航空会社がゼロ・コミッション（手数料無料）に踏み切ったのを機に、発券処理サービスの比重を下げ、クルーズやバケーション・パッケージのようにマージンの高い商品を重視する方向で、収益構成の多様化を図っている。トラベロシティは今なお航空券の発券事業で最も高い収益を上げているが、他の部門が同社のさらなる成長に貢献している。

クルーズやパッケージのような複合プランを購入する旅行客は、他のプランの参加者以上に個人的なやり取りを求めるものだ。このことに気づいたトラベロシティは、最近、アメリカ・ペンシルバニア州とバージニア州にクルーズとバケーション・パッケージ販売専用のコールセンターを設けた。顧客は、旅行の計画を立てたいときには、曜日を気にせず電話をかけられるし、予約することも可能だ。トラベロシティはまた、駆け込み需要に対応するサイト・59・コム社を買収したほか、ホテルやレンタカー会社、航空会社との提携によってバケーション・パッケージの一括販売を行うなど、収益基盤の強化に努めている。

アメリカでは既に四五〇〇もの旅行会社が廃業に追い込まれているが、規模に関係なく安定して業務を行っている企業もある。★1 しかし、オンラインと伝統的な販売チャネルの境界は、いずれ消えてしまうだろう。現在の旅行業界では、売上をめぐって熾烈な競争が展開されている。旅行者は、さまざまな手段からいずれか一つを選ぶことができる。従来のように旅行会社を通す場合もあれば、集合サイト経由かサプライヤーとの直接取引で予約する場合もある。旅行業界の関連企業は、強まる一方の旅行者のカスタマー・パワーと戦うのではなく、偏りのない情報を誰にでも公開し、今までより多くのプランや良いアドバイスを提供し、手続きを単純にすることで、そのパワーを受け入れるようになった。旅行会社は、パーソナライズされたサービスを求める旅行者にサービスを提供すべく、さまざまな差別化戦略を展開しはじめた。

旅行業界では、新たな媒介手段によって古い市場構造が変わりつつある。カスタマー・パワーは、旅行業界に革命を引き起こしているのだ。

自動車業界

強引なセールスは時代遅れ

アメリカの自動車業界でも、かつてはプッシュ・プル型のマーケティング戦略が主流だった。ディーラーが影響力を持っており、顧客がリスクの高い複雑な決断を下そうにも、入手できる情報は限られていた。自動車に関する情報を手に入れるには、ディーラーに頼るしかなかった

★1 Heartland Information Research. "E-Commerce's Impact on the Travel Agency Industry," October 2001, p.2.

のだ。そのため、ディーラーは強引なセールスによって利益を得ていた。ディーラーから車を購入した誰もが、自動車のセールスマンと言えば、強引で押しつけがましい姿を思い浮かべる。当時の消費者は、仕切価格や自動車の品質の評価方法をほとんど知らず、ディーラーの在庫にある車の車種すらわからなかった。また何軒ものディーラーを回らなければならず、不便な上に時間もかかった。その上ずる賢いセールスマンが無知な消費者をつかまえ、正規の価格に比べて高すぎる代金を払わせていたのだ。

しかしインターネットの登場を機に、消費者は価格から在庫にいたるまで、自動車に関する情報を好きなだけ入手できるようになった。ディーラーに対しても、自分がほしい車種や希望価格をセールスマンに伝えられるようになった。交渉が成立しない場合には、次に訪れる予定のディーラーのことまで話せるのだ。

具体的な事例をあげてみよう。私の教え子だった女性が最近車を買ったときの体験談だ。コンサルティング業界で働く彼女は、年間業績が良かったため、巨額のボーナスを手に入れた。そして、以前から夢見ていたコンバーチブル型の赤い外国製スポーツカーを買いたいと思い、地元のディーラーのショールームを訪れた。

「この手の車は手に入れるのが本当に難しいんですよ。でも、頑張って探してみましょう」と言うセールスマンに、彼女は「三万六〇〇〇ドルで買いたい」と伝えた。ところが、女性は車についての知識が乏しいものだと彼女を見くびっていたセールスマンは、首を振りながらこう告げた。

「この手の最新型の車は値引きの対象になりません。最低でも四万ドルは必要です」

その夜、彼女は自宅でインターネットにアクセスしてみた。すると、望みどおりの車が三万六〇〇〇ドルで売り出されていたのである。

やがて彼女は、新しい車のキーを手に、再びそのショールームを訪ねた。

「この車をいったいどこで買ったんですか?」

驚いて質問するセールスマンに、彼女は答えた。

「この販売店ですよ」

彼女は、同じディーラーの、インターネットセールス担当者との交渉によって、思いどおりの車を思いどおりの値段で手に入れたのだ。

こうしたドラマのような話ばかりではないが、自動車業界におけるマーケティング手法は、カスタマー・パワーによって変えられてしまった。インターネットは、アメリカの自動車業界における消費者行動にも大きな影響を与えている。二〇〇三年には、インターネットによる車の販売台数は一六七〇万台に上った。★1
アメリカの自動車業界に、公平な情報を集めた新しい情報源とオンライン販売チャネルが生まれたことで、セールスマンは従来の策略的で強引なセールスができなくなっている。今では、ほとんどのディーラーが、インターネット通の顧客に対応する目的で専任のセールススタッフを用意している。そして、顧客の多くは車の価格や特徴を表示したウェブサイトをプリントアウトしてからショールームを訪れるのだ。

★1 *Automotive News*, May 24, 2004, p.25.

★2 J. D. Power, "2002 New Autoshopper. Com Study" (J. D. Power, West Lake Village, CA), October 2002.

自動車の購入にインターネットを活用している顧客は、平均して七つのウェブサイトにアクセスしている。これらのサイトは二種類に分けられる。フォードやGMなどのメーカーによるサイトと、第三者によるサイトだ。インターネットで車を買おうとする顧客のうち、少なくとも一つの第三者情報サイトにアクセスする人々は、七八％に達するという。[★2] **表1**は、自動車の購入におけるインターネットの利用頻度の増加を示している。

インターネットを利用する顧客の大半は、第三者サイトを使って車の特徴を比較し、選択肢を二、三の車種に絞りこむ。そして、メーカーやディーラーのサイトで車種ごとの詳しい情報を調べている。人気のある第三者情報サイトとしては、カーポイント・コム（Carpoint.com）、AOLオート、オートバンテージ・コム（AutoVantage.com）があげられる。これらのサイトでは、情報や公平なアドバイスの提供に力を入れている。

また、オートバイテル（Autobytel.com）、カーズダイレクト（CarsDirect.com）、オートネーションズ・リテール・ネットワーク（Auto Nation's Retail Network）などのIBS（インターネット購入サービス）を行う企業は、ディーラーとの提携の下、消費者がディーラーと購買契約を結ぶ手助けをすることで手数料を受け取っている。たとえばオートバイテルは、ディーラーのネットワークから入札を求め、購買手続きを支援する。カーズダイレクト・コムは、顧客が払うべき最終価格を提示している。

インターネットを介した顧客主導による販売は、複雑でいくつものレベルに分かれた流通システムを急速に進化させている。卸売業者は、顧客ニーズに関する情報を集めてディーラーに

表1　自動車購入におけるインターネットの利用

	2000	2001	2002	2003	2004
新しく自動車を購入する過程で、情報収集にインターネットを活用する顧客の割合	54%	60%	60%	64%	64%

出典：J. D. Power and Associates (12)

売り、この情報によって、ディーラーは顧客の要求によりよく対応できるようになった。また、従来の自動車売買では、注文一件に対して数百ドルの顧客獲得コストをディーラーが負担していたが、インターネットによってこの種のコストの削減も可能になった。こうした諸々のサービスの発展が、顧客を価格交渉から解放し、売り手間の競争を激化させ、消費者に利益をもたらしている。

驚くべきことだが、中古車もインターネットで売買されている。イーベイでは、二〇〇三年に販売された中古車の総額が七十億ドルを超えた。[★1] 一般に中古車のセールスマンは顧客を食い物にするという悪評があることを考えれば、驚くべき数字だ。

前出のコラム1（五一頁）で述べたように、イーベイは利用者から信頼されている。オークションでは、評判の悪い売り手は買い手から否定的なコメントを付けられ、ひどい場合にはイーベイから追放されてしまう。イーベイでは、何枚もの写真を添えた完全な情報が提供されるが、入手した車がサイトの掲載内容と違う場合には、イーベイの助けによってその取引を無効にできる。取引の手続きは簡単だ。出品物の価格が明示されるのはもちろん、引き渡し方法も指定できる。また、エスクロー・サービスによって債務不履行のリスクを軽減している。つまり、情報の充実、多様な選択肢、取引の簡略化という、カスタマー・パワーを強化する要因がそろっているのだ。イーベイは、カスタマー・パワーの強い環境で製品を売る方法を見事に示している。

★1　Maney, Kevin. "The economy according to eBay," USAToday.com, http://www.usatoday.com/money/industries/retail/2003-12-29-ebay-cover_x.htm December 2003.

★2　Fiona Scott Morton, Florian Zettelmeyer, and Jorge Silva-Risso, "Internet Car Retailing," *Journal of Industrial Economics.* vol XLIX, no.4 (December 2001), pp.501-19.

立場の弱い買い手が最も得をする

自動車の販売価格は、インターネットによって下落した。顧客はインターネットで自動車を購入することによって、ディーラーからの購入に比べて一台平均で四五〇ドルを節約している。[★2] インターネットの活用によって最大の利益を得ているのは、女性とマイノリティだ。いずれも、市場では一番立場が弱い。ある調査によれば、アフリカ系アメリカ人やヒスパニックの顧客がオフラインで車を買う場合には、他の顧客よりもおよそ二%（二万ドルの車に対して四〇〇ドル）高い値段で買っている。[★3] この主な原因は、収入、学歴、居住地域の差にある。また、女性も男性より二%高く支払わされている。

しかし、マイノリティがインターネットを使えば、他のグループとの違いはなくなり、不当な割増料金を払わずに済むばかりか、四五〇ドルもの割引サービスも受けられる。インターネットは、不利な立場にある買い手に、以前より良い情報や自動車に関する知識を提供する。つまり、取引条件をフェアなものにするのだ。また価格上のメリットに加えて、車の購入にかかる時間も節約できる。[★4] インターネットは顧客のメリットを明らかに増大させている。

マーケティングの変化

こうしたカスタマー・パワーの増大は、自動車業界のマーケティング戦略に革命を起こしつつある。自動車メーカーは、消費者とのより良い関係を構築するためにインターネットを活用している。最近の例では、ＧＭがオート・チョイス・アドバイザーというサービスの提供を

★3 Fiona Scott Morton, Florian Zettelmeyer, and Jorge Silva-Risso, "Consumer Information and Discrimination: Does the Internet Affect the Pricing of New Cars to Women and Minorities?" *Quantitative Marketing and Economics*. vol.1(2003), pp.65-92.

★4 M. S. Lee, B. T. Ratchford, and D. Talukdar, "Impact of Internet on Information Search for Automobiles," Working Paper (University of Maryland, Bethesda, MD) 2002.

始めた。このサービスでは、三〇〇以上の車種を登録したデータベースから、公平な視点で推奨車種をあげている。推奨の対象になる車種はGM製とは限らない。むしろ大半は、ケリー・ブルーブックやカートークのような第三者サイトに掲載されている車種である。オート・チョイス・アドバイザーでは、消費者が自分のほしい車のさまざまな特徴を入力すると、アルゴリズムによって好みに応じた車が提示される。このツールによって、GMは顧客が好む車の特性を知ることができる。また、アドバイス源としてのGMに対する顧客の信頼の向上が期待される。GMは、J・D・パワーやAICなど他の情報源との提携も行い、このサイトのさらなる強化を試みている。

ディーラーも、従来の購買チャネルに代わる手段になりうるインターネットに脅威を感じ、消費者との関係の見直しに着手した。昨今では、希望する車種の仕切価格や入手可能性を知り尽くした上でショールームを訪れる顧客が多い。そのためディーラーは、従来よりも顧客の求める車の提供に力を注ぐようになり、顧客の意見を操作しなくなっている。また大半のディーラーが、インターネット通の顧客専門のセールススタッフを置くようになった。つまり、最近のディーラーでは、アドボカシー戦略が導入され始めているのだ。

購買に際してインターネットで情報収集する顧客が増えれば、天秤はアドボカシー型へ傾く。情報武装した顧客は、希望車種の仕切価格、オプションの内容、割引、在庫状況などに関するディーラーの言い分の妥当性をすぐに確認できる。これは従来の傲慢なディーラーを弱体化させる一方、先見の明のあるディーラーには顧客からの信頼を得る機会をもたらしている。

ヨーロッパ市場でも、インターネットが自動車の購買行動に及ぼす影響が顕著に見られる。希望車種の価格、スペック、オプション、入手可能性を調べるためのツールを提供する急速に成長したウェブサイトが、どんどん出現しているのだ。[★1] 中でも目立つ動きは、EU域内での個人輸入である。EUでは加盟国ごとに非常に多様な課税体系が存在し、域内での自動車の販売価格に三〜五割もの差が生じている。そのため、たとえばイギリスでは、オランダのように低コストで生産できる加盟国で作られた車の個人輸入が大幅に増えている。イギリスでの新車登録件数のうち、個人輸入による新車の割合は五%を超える。[★2] 同様の傾向は、ドイツ、オーストリア、フランスでも見られる。

こうした個人輸入を可能にしたのもインターネットだ。インターネットは、他の国での自動車の販売価格や入手方法に関する情報を提供している。多くの選択肢へのアクセスの実現が、カスタマー・パワーを増大させたのだ。輸入車の仲介業者はアドボカシー型の販売戦略を採用し、購買を検討中の顧客に対して、あらゆる情報を提供している。

対照的に、自動車を安価で販売している国のディーラーは、メーカーとの契約条件を理由に積極的なプロモーションは控え、輸出に慎重な姿勢を見せている。しかし、EUの加盟国民は法律上、他の加盟国で生産された車を誰でも自由に購入できる。顧客は、それが簡単に実行できることに気づいている。車選びを目的とした往復旅行「カー・クルーズ」も見られ始めた。[★3]

このように、自動車販売業界でインターネットの果たす役割は拡大し続け、業界にパラダイムシフトを生み出している。情報（価格や車の特徴に関する偏りのない情報）へのアクセス、選択肢（以前より

★1 Britt, Bill. "Internet Proves a Powerful Sales Tool for Automakers." *Automotive News Europe*. 8(15): 7 July 28, 2003.

★2〜3 Mitchener, Brandon. "Tax Arbitrage: For a Good Deal on a British Car, You'll Need a Boat." *The Wall Street Journal*. 19 July, 1999.

多くのディーラーや代替品）の増加、取引の単純化（強引なセールスマンや輸入支援業者の駆逐）の三要因によってカスタマー・パワーは増大し、ディーラーの利益率は低下している。そして、自動車業界におけるマーケティング戦略もまた、プッシュ・プル型からアドボカシー型への変化が求められているのである。

医療業界

患者の情報収集力の高まり

薬学や医学の専門性の高さ、自己診断や独断的な治療の危険性。このような要素をもつ医療に関して、患者は高度な技能と知識を持つ専門家、医者を頼りにする。また、医療費が高いため保険会社に依存せざるをえない。政府の規制は、ほとんどの医療行為を医者の処方のみに限定することで、ますます医者のパワーを強めている。こうした確固たる役割を担う強力な存在があれば、医療分野ではカスタマー・パワーが弱いだろうと思われるかもしれない。

しかし、二〇〇三年のアメリカでは、一億一〇〇〇万もの成人がインターネットで医療情報を調べている。これはインターネットにアクセスする成人の六六％である。[★1] フランスでも、アメリカほどではないが、インターネットを利用する成人の三五％が医療情報を閲覧した。ドイツでは四四％、日本では四二％だ。この傾向は急速に広がっている。[★2]

★1〜3 "Four Nation Survey Shows Widespread but Different Levels of Internet Use for Health Purposes." *Health Care News*, v.2, No.11(May 2002) Harris Interactive, 2002.

製薬会社、政府機関、保険会社、病院、健康製品の小売店、HMO（健康維持機構、Health Maintenance Organization）、そしてコミュニティ・グループ。消費者は今や、この種の組織が提供する幅広い情報にアクセスできる。**図3**は、メイヨ・クリニックの公式サイトである。ここでは、健康的な生活を送るためのヒント、病気を特定するためのガイド、治療についての情報などが提供されている。そして消費者は、このような情報を頼りに、自分の健康を自分で管理するようになる。世界中を見回しても、消費者志向の医療情報が増えつつある。医者が圧倒的な優位に立っている日本でも、武田薬品、三共、エーザイ、アステラス製薬などの製薬会社は、インターネットを通じて消費者に直接情報を提供している。

患者は、情報へアクセスするだけでなく、それを自分のために非常にうまく活用している。患者の三八％は、主治医に相談せずに自ら情報を探し出し、健康状態を管理している。また、患者の五五％は、広告で目にした薬品をインターネットで調べていた。[★3] 処方薬を最も安い

図3 メイヨ・クリニックのウェブサイト

出典：©Mayo Foundation for Medical Education. All right reserved. Used with Permission.

価格で手に入れるために、製薬会社や薬局のウェブサイトを活用しているのだ。外国のサイトにアクセスする場合もある。自社や保険会社のサイトからも関連情報を得ている。病院の質の評価も、ＨＭＯのサイトから得ることができる。そして患者は、このような情報を参考に、治療に適した病院を選ぶのである。

患者自身の情報収集によって、実際に医者を訪ねるときの行動にも変化が生じている。患者の四六％は、ホームページのプリントアウトを手に病院へ行き、自分の知識を医者に示す。患者は自らの知識を支えに、医者との関係において新たなパワーを発揮しているのだ。医者は、治療方法を患者に押し付けるのではなく、患者が手に入れた新しい情報をもとにさまざまな質問に答えなくてはならない。[★1]

患者が医者に対して自ら治療薬を指定することすらある。インターネットで情報収集する患者のうち、特定の薬品の処方を要求する人々は一三％を占める。ここで興味深いのは、八四％のケースにおいて、医者が患者のこのような要求を尊重しているということだ。患者は自分の健康状態を主体的に管理するようになっており、手にする情報も増えている。患者に対する優位性が弱まった医者は、アドボカシー型の診療を重視するようになっているのだ。

アドボカシー戦略への移行

一方で、患者は今まで以上に多くのことを決めなければならなくなった。アメリカの会社員は、雇用主が提供するさまざまな医療保険から、自分にふさわしい保険を選ばなくてはなら

★1 Manhattan Research, *Cybercitizen Health*, vol.2, 2002.

ない。薬局に行けば、多くの選択肢を示される。医療保険が適用されるジェネリック医薬品は、その典型である。ジェネリック医薬品に対する患者の負担は十ドルだ。患者が二十ドルを負担する代わりに、保険の適用対象の薬を処方することもある。患者が三十ドルを負担することを条件に、処方薬以外の医薬品を出す場合もある。

また、最近の医者は情報公開の義務を果たすため、治療の選択肢について説明し、最終的な決定は医者ではなく患者自身に行わせる場合が多い。たとえば、がん治療では、医者が化学療法、放射線治療、外科処置のメリット、デメリットを説明する。しかし結局は、患者が決断しなくてはならない。このように、従来の医者優位の力関係は崩壊し、患者が医療上の決定権を握るとともに、医療関係者は信頼獲得のための取り組みを行わざるをえなくなっている。

別の構造変化の事例として、医療業界のバランスを変えているオンライン・コミュニティがある。この種のコミュニティは、患者が治療方法を決めなくてはならない場合に重要な情報源となる。心臓病、関節炎、がん、ヘルペスなど、さまざまな病気についてコミュニティが存在しており、参加者が体験を分かち合い、情報を交換している。

図4は、ロシュ、アムジェン、リリーなどの製薬会社が共同で

図4 医療情報関連のコミュニティ・サイトによるカスタマー・パワーの強化

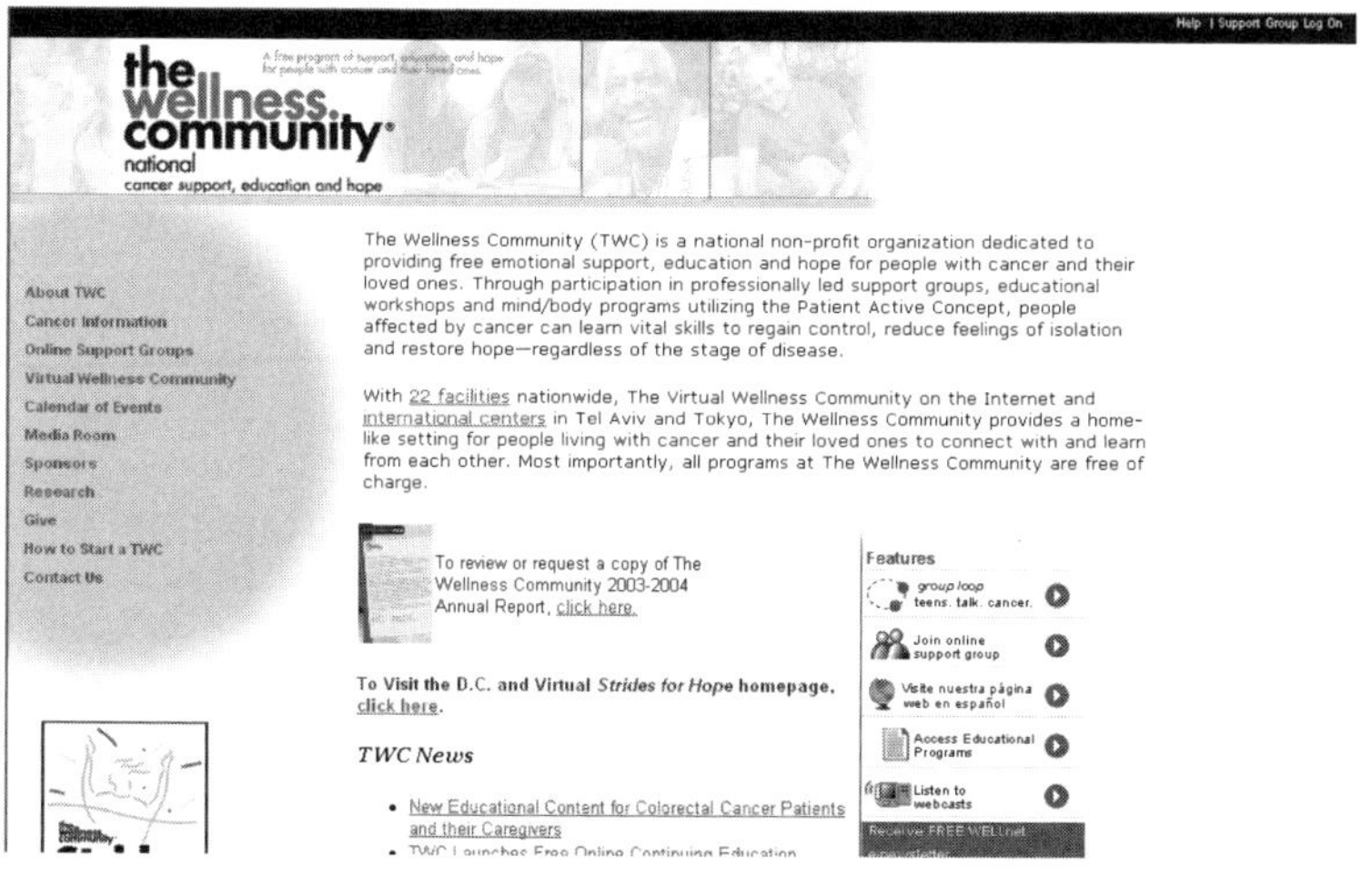

資金提供している健康コミュニティのサイトである。参加者は、情報やサポート・サービス、自分の気持ちをわかってくれる仲間を求めてこの種のサイトに参加する。医者は個々の患者に十分な時間を費やせないが、オンライン・コミュニティでは参加者がお互いのために時間をとり、自分たちの問題について説明し、他の参加者にアドバイスを求め、情報を得る場を提供している。また、病気の進行や日常生活での対処法についての情報共有も行っている。情報を提供している他のウェブサイトへのリンクもあり、薬の副作用、実験的な治療事例、医療保険会社との交渉のヒントなども提供している。患者が医者に特定の治療法を求める場合には、この種のコミュニティが患者を支援し、カスタマー・パワーを生み出しているのだ。

ＨＭＯの普及、ジェネリック医薬品の成長、そしてオンライン・コミュニティの出現。こうした状況は、患者の持つ知識のレベルを高め、以前より強いカスタマー・パワーを患者にもたらしている。そして、業界の天秤はアドボカシー型へ傾いているのである。

誰がリードするか

医療業界では、さまざまな関係者（製薬会社、病院、医者、監督機関、保険会社、小売業者、ＨＭＯ）が複雑に絡み合っているため、旅行・自動車業界よりも複雑な状況にあるが、高まる一方のカスタマー・パワーに対応しようとしている。患者の重要性を理解し、その多くはＴＱＭプログラムを整備している。

しかし、現在までのところ、どの主体が「患者の支援者」としての信頼を得られるかは不明だ。かつては医者や病院が患者の信頼を一身に集めていたが、今ではその信頼が薄れている。HMOによる患者へのケアやスケジュール管理、医者の説明責任を求める声の影響に加えて、医療費が増え続けているからだ。HMOは信頼されるリーダーになりうるが、コストの圧力やインセンティブが患者の信頼を裏切る方向に作用することもある。製薬会社もリーダーになれるかもしれないが、とかく特定の治療薬の開発・販売に専念しがちだ。保険会社もまた、リーダーになる可能性がある。予防治療や優れた医療を奨励することで、自社で負担するコストを減らせるからだ。

アメリカ政府も信頼性の高い公平な情報や患者を守るための規制を実施しているが、その役割は小さすぎ、信頼される「患者の支援者」の中核にはなれない。おそらく、将来の患者は、現在よりもますます多くの情報、選択肢、単純さを求めるようになる。医療関係者は、コンソーシアムを組んでこうした需要に対応する必要があるだろう。

この業界では、カスタマー・パワーに的確に対応できる主体は今のところ定かでない。それでも、あらゆる関係者が、以前より知識も要求も多い顧客に対応しようと行動し始めた。この業界で成功するためには、患者の信頼を得ることが不可欠だ。患者は自分の健康を自分の手で守ろうとしている。そして、以前にも増して、自分を助けてくれる人物を自分で選ぶようになっているのだ。

その他の業界

ここまで、旅行、自動車、医療業界でカスタマー・パワーが増大し、マーケティング戦略の重心がプッシュ・プル型からアドボカシー型へ移りつつあることを見てきた。だがこの傾向は、他の多くの業界にも見られる。以下では、他のいくつかの業界（金融、不動産、保険、人材、小売、企業間取引など）における動向を概観しておこう。

証券取引——手軽で安価な株式購入

個人の株式投資に革命が起こり始めたのは、一九九六年にイー・トレードなどがインターネット取引に参入したことによる。株式の取引手数料が急激に下落し、他の多くの証券会社も追随して手数料を下げざるをえなくなった。さらに、アメリトレードやチャールズ・シュワブのようなオンライン専業の証券会社の参入によって、個人投資家は低い手数料で多様な選択肢を手に入れている。現に、オンラインでの取引手数料は、一九九〇年代のオフラインでの手数料に比べて五〇％以上安くなった。

アメリカでは、老舗の証券会社に加え、新しい会社もオンライン市場に参入した。そのため投資家は、ますます多くの情報やアドバイスを得るようになった。コスト面で競うだけでなく、特定情報源へのアクセス（スタンダード・アンド・プアーズが提供する情報への無料アクセス権など）や多彩なオンライン財務管理ツールを提供している会社も多い。また、アメリトレードでは、取引の五秒処理保証サービスを追加した。株式取引が五秒以内にオンライン上で完了するというものである。顧客は、このようなサービスによって、多くのメリット（手数料の低下、情報の充実、サービスの選択肢の増加、取引の迅速化など）を享受している。

チャールズ・シュワブは、顧客と強い信頼関係を築いている金融機関の代表例だ。シュワブの使命は、「世界で最も便利でクリーンな金融サービスを提供すること」である。同社は、手数料で他社と競い合うことはせず、安価でサービスを提供することで、従来よりも多くの付加価値を生み出した。包括的な個人単位でのアドバイスを基本にして、これまでよりも充実した情報を安価で提供するようにしたのである。

シュワブの広告では、顧客をパートナーとしてどう扱っているかを紹介している。あるＣＭでは、一人の医者が、シュワブのファイナンシャル・アドバイザーの隣に立って言う。「シュワブのブローカーは、ホーム・ドクターのように信頼できるアドバイザー。あなたのために働いてくれます」。そして、字幕が流れる。「どちらも信頼できる存在ですが、あなたのポートフォリオの健康状態を診断できるのは、シュワブだけです」。またウェブサイトでは、投資の基礎知識やアドバイスなど、顧客に対して有益な情報を提供している。

メリルリンチのような老舗の証券会社は、取引手数料率の引き下げに追随せざるをえなかったが、その対応策は独創的だ。市場のさまざまなセグメントに応じたブローカーのネットワークを用意したのである。しかも彼らは、サービスやサポートを顧客ごとにパッケージで提供している。

同様に、イー・トレードは、自社を「総合サービス銀行」と位置づけ、パッケージ化に取り組んでいる。シュワブも、市場を三つのグループ（自立的な投資、積極的な投資、アドバイスを要する投資）に分け、グループごとにサービスプランを提供するようになった。この種のサービスは、顧客との信頼関係を築きながら、グループごとに最も重要な価値を提供するように企画されている。たとえば、「自立的な投資」グループの顧客は、調査用のオンライン・ツールを手に入れられる。「積極的な投資」に当てはまる顧客は、単独で取引に臨むか、投資のスペシャリストとチームを組んで取引することが可能だ。「アドバイスを要する投資」を求める顧客は、アドバイスの必要度を選んだ上で、独立系ファイナンシャル・アドバイザー（IFA）の特別サービスを利用できる。

このように、個人投資家による証券取引においても、カスタマー・パワーの増大とともに大きな変化が生じている。アメリカの証券業界の主流は、アドボカシーにもとづく売買へ移行しつつあるのだ。

銀行——借り手優位の時代

アメリカの金融業界は、顧客にますます多くのパワーをもたらしている。

バンクレート・コム（Bankrate.com）やマネーレート・コム（money-rates.com）などのサイトでは、ローンの金利や定期預金などの金融サービス情報を毎日提供し、顧客もこれらの情報を活用している。そのためアメリカの金融機関は、他社との比較情報を提供する必要性や、運用実績に対するプレッシャーを認識している。

顧客が遅かれ早かれ情報を入手する状況において望ましいのは、競合他社より先に率先して比較情報を提供しながら、価格の違いの正当性を示すことだ。顧客は、比較情報によって新たなパワーを得るため、情報を正直に提供する企業に報いようとする。

アメリカの金融機関は、住宅ローンの金利を日々更新する。顧客も、レンディングツリー・コム（LendingTree.com）や信用組合、シティバンクのような大手銀行のサイトから、即座に情報を入手できる。また、オンラインで貸付を申請することも可能だ。さらに、窓口まで足を運ばなくても融資を認められる場合もある。金融機関は、情報の増加と手続きの簡略化によって、顧客に新たなメリットをもたらし、取引における幅広い選択肢を提供している。

住宅購入——理想の家を求めて

住宅市場でも、選択肢の増加、コストの低下、購買プロセスの簡便化など、インターネットによって顧客に大きな利益がもたらされている。

カリフォルニア不動産業協会によれば、住宅購入者の五六%はインターネットを活用している。★1 イーリアリティやジップリアリティなどのサイトは、不動産業者との提携によって、購入可能な住宅のリストを蓄積し、見込み客に対して詳細な情報を提供している。消費者はさまざまなタイプの住宅を見ることができる。動画を見られるサイトもある。

ペーパーワークの自動化によって、購入の手続きも簡素化されている。さらに、顧客が住宅

★1 Iankelevich, David. “Internet Home Buyers Changing the House Rules.” *eMarketer*, July 2004.

を購入すると、こうして節約された費用が「払戻金（販売価格の一％程度）」として顧客に還元される。イーリアリティによれば、この仕組みで還元された費用の総額は、二〇〇四年の一年間で八三〇万ドルを超える。

新規参入の仲介業者には、アイ・ソールド・マイハウス・コム（ISoldMyHouse.com）のように、既存の不動産業者を介さないところも存在する。売り手に顧客と直接契約を結ばせるのだ。しかし大抵のオンライン取引システムは、既存の不動産業者を介在させている。既存の業者も、自社サイトの開設や競争価格の提示によって、新しいシステムに対抗している。

全米不動産業協会では、リアルター・コム（Realtor.com）というサイトに、すべての会員のリストを掲載し、二〇〇万軒以上の住宅情報を提供している。消費者は、検索機能を用いて住宅の場所、特徴、価格帯を特定することで、理想の家を見つけられる。住宅ごとに詳しい情報を確認したり、業者の撮った写真を見たり、ビデオによるバーチャル・ツアーに参加したりすることも可能だ。オンライン不動産業者のなかには、第三者が実施した顧客満足度調査の結果を物件に表示しているところもある。

こうした動きはいずれも、選択肢の増加、さらに詳しい情報へのアクセス、信頼できるアドバイスの獲得を意味している。

自動車保険——比較情報による競争激化

自動車の保険料も簡単に比較できるようになった。以前は、顧客が保険会社各社に問い合わせ、申込用紙に記入し、見積書が送られてくるまで、相応の時間を要していた。

今では、プログレッシブ（Progressive）やオール・クォーツ・インシュアランス・コム（All QuotesInsurance. com）で申込書を一枚書くだけで、各社の保険証書や保険料を比較できる。プログレッシブなら、保険料の見積もりを提示するだけでなく、他の保険会社の保障内容やサービスのランキングも示してくれる（**図5**、次頁）。同社は顧客に競合他社のURLまで教えている。老舗の保険会社も、増大するカスタマー・パワーへの対応に動いており、オンラインで簡単な見積もりを提供している会社も多い。こうした活動によって、保険会社は顧客の信頼を獲得しようとしている。

他の金融機関も、従来の金融商品に加えて自動車保険を提供し始めた。イー・トレード、レンディングツリー、シティバンクなども保険商品を提供している。これらの企業では、多岐にわたる商品を販売するために既存顧客との信頼関係をさらに深めることが課題となっている。

もっとも、この業界でのカスタマー・パワーは、一定の制約を受けている。たとえばプログレッシブは、契約者の運転記録（交通違反の有無など）や人口特性に応じて個別に保険料を定めている。同社は概して優良ドライバーを勧誘して受け入れており、そうでないドライバーは、高い掛け金を払う顧客でない限り、他社へ回そうとする。つまりプログレッシブは、マーケティングの天秤を完全にアドボカシー型へ傾けているわけではない。

とはいえ、自動車保険業界でも、各社の比較が可能になったのを機にカスタマー・パワーが高まっているのは事実である。

図5 プログレッシブが提供する各社の保障内容やサービスの比較情報

Close Window

California Company Comparison Chart

Here's how other big-name companies compare in 20 areas. We may not be able to provide rates for every company, but we'll give you the information you need to make shopping fast and easy.

Note: Information in this chart is current as of 07/01/2004 and was obtained from company Web sites, financial rating companies and publicly filed information from the state government.

	Hide	Hide	Hide	Hide	Hide	Hide
Stability and Size of Company (back to top)	Progressive Direct	State Farm	Allstate	Farmers	GEICO	Liberty Mutual
A.M. Best rating	A+ *	A++	A+	A	A++	A
State market share for auto (2003)	3.0% *	14.5%	8.7%	10.4%	2.9%	0.8%
National market share for auto (2003)	6.8% *	19.2%	11.1%	5.2%	5.1%	2.4%

* Ratings and market share percentages represent two specific brands, Progressive Direct and Drive Insurance from Progressive. By itself, Progressive Direct represents the tenth largest auto insurance group of companies in the country.

Ease of Purchase (back to top)	Progressive Direct	State Farm	Allstate	Farmers	GEICO	Liberty Mutual
Are online quotes available?	Yes	Yes	Yes	Yes	Yes	Yes
Does the Web site provide rates for other big-name insurance companies?	Yes	No	No	No	No	No
Can policies be purchased online?	Yes	Yes	No	No	Yes	No
Can policies be purchased through a toll-free number 24 hours a day, 7 days a week?	Yes	No	No	No	Yes	No
Can payments be made in installments?	Yes	Yes	Yes	Yes	Yes	Yes
Can policies be purchased using a credit card?	Yes	Yes	Yes	No	Yes	No

Ease of Customer Service (back to top)	Progressive Direct	State Farm	Allstate	Farmers	GEICO	Liberty Mutual
Is there a customer service toll-free number available 24 hours a day, 7 days a week?	Yes	Must call local agent	Yes	Yes	Yes	No
Can you make an instant policy change online?	Yes	No	No	No	Yes	Yes
Can payments be made online?	Yes	Yes	Yes	Yes	Yes	Yes

Ease of Claims (back to top)	Progressive Direct	State Farm	Allstate	Farmers	GEICO	Liberty Mutual
Can claims be reported 24 hours a day, 7 days a week via a toll-free number?	Yes	Must call local agent	Yes	Yes	Yes	Yes
Can claims be reported online?	No (why?)	Yes	Yes	Yes	Yes	Yes
Can claim status be tracked online?	Yes	No	Yes	Yes	Yes	Yes
Do authorized repair facilities guarantee repairs for as long as I own my car?	Yes	Yes	Yes	Yes	Yes	Yes

Access (back to top)	Progressive Direct	State Farm	Allstate	Farmers	GEICO	Liberty Mutual
Web site address	progressive .com	statefarm .com	allstate .com	farmers .com	geico .com	libertymutual .com
Toll-free number	1-800-PROGRESSIVE	Must call local agent	1-800-255-7828	1-888-490-2801	1-800-861-8380	Click for info

Product Lines (back to top)	Progressive Direct	State Farm	Allstate	Farmers	GEICO	Liberty Mutual
What other personal products are available?	Motorcycle ATV Boat/PWC Motor Home Travel Trailer RV Segway HT	Motorcycle ATV Boat/PWC Motor Home Travel Trailer RV Mobile Home Life Home Health	Motorcycle ATV Boat/PWC Motor Home Travel Trailer RV Mobile Home Life Home	Motorcycle ATV Boat/PWC Motor Home Travel Trailer RV Mobile Home Life Home Health	Motorcycle Boat/PWC Motor Home Travel Trailer RV Mobile Home Home	Motorcycle ATV Motor Home Travel Trailer RV Mobile Home Life Home
Are financial services offered?	No	Yes	Yes	Yes	No	No

一般消費財

一般消費財に関する企業でさえ、商品の価格が低いにもかかわらず、信頼の構築に向けて努力している。ユニリーバは、ブランドを強化し、宣伝費を削減するために、スキンケアに関するアドバイスや情報を提供している。この業界でも、アドボカシー戦略の適用例は増加しているし、今後、この傾向はさらに広がることが予想される。

「信頼」を構成する要素のいずれにも該当しないような商品を見出すのは簡単ではない。純粋な日用品（砂糖や塩など）やノーブランド食品（野菜や肉など）ですら、新鮮さや品質が問われるのだ。ブレッド&サーカス（Bread and Circus）やネイチャーズ・ハートランド（Nature's Heartland）などの高級食料品店では、最高級の果物や肉を特別価格で販売するほか、食事に関するアドバイスまで提供し、顧客の健康を支援している。

既に見たように、医療業界には多くのオンライン・コミュニティが存在するが、消費財を販売する企業も、信頼構築のためにオンライン・コミュニティを活用している。プロクター・アンド・ギャンブル（P&G）のパンパース育児研究所が運営するパンパースサイトでは、若い母親や妊婦へのサポートとして、さまざまな情報やオンライン・コミュニティを提供している。顧客の購買を促す、好ましいブランドイメージを醸成するのがその目的だ。そのため、このオンライン・コミュニティは、ただのチャットルームではない。議論のテーマや情報源は、P&Gの監視下に置かれている。

P&Gのほかにユニリーバなども、さまざまな製品に関して、多くの国で類似のコミュニティ・サイトを提供している。たとえばサウジアラビアでは、ユニリーバのティーンズ向け美容健康サイトが、アクセス件数で同国内の全サイトの中で二位となっている。サイトの効果もあって同社は国内の消費財分野で大きな市場シェアを維持している。

就職・転職斡旋（人材紹介）——豊富な選択肢と雇用機会の増加

現在、就労年齢に達している成人の二〇%以上が自分の履歴書をインターネット上に公開し、今より良い仕事や、収入の多い仕事を探している。

モンスター・コム（Monster.com）は、情報交換用の大きなフォーラム（掲示板）を提供し、ジョブ・マッチングを支援している。同社は、キャリア・アドバイスとともに、「ネットワーク・ナウ」という機能を設け、希望する職業に就いている他人や就労希望エリアに関するサイトへのリンクを、利用者の志向に応じて個別に提供している。

こうした就職・転職斡旋サービスの業界は、ジョブズ・コム（Jobs.com）やキャリアフィッシュ・コム（Careerfish.com）など新サイトも次々に登場し、競争が激化している。

求職者にとっては、選択肢の増加や、雇用主とのコンタクト機会の単純化、低コストなどのメリットがある。もっとも、オンライン・ジョブ・マッチングへの移行によって、既存の就職斡旋業者が業界から追放されたわけではない。サイトが提供する選択肢が多すぎる場合には、多くの応募者を選り分ける人間が必要になるからだ。

既存の業者は、強い力を持つようになった求職者と雇用主を直接結びつけるために、より付加価値の高いサービスを提供する体制に変わらなければならない。顧客（通常は雇用主）とのより良い関係を構築しながら、能力のある求職者から信頼される情報源になることで、サービスの質を高めていく必要がある。

このように、オンライン化による効率化と、オフラインでの高付加価値化により、ジョブ・マッチングはより良いものになっていくに違いない。

出会い系サイト――インターネットで探す「愛」

インターネットによって恋人探しも簡単になった。現に世界では、属性（宗教、人種、民族、居住地、性的嗜好など）や興味に応じて、何万もの「出会い系サイト」が運営されている。性や地域ごとに分かれた一般的なサイトから、特定のグループ（ベジタリアン、熱心なジョギング愛好家、片親、五十歳以上など）向けのサイトまで、さまざまなサイトが存在しているのだ。

出会い系サイトは、バーに代わる出会いの場として、多くの人々に歓迎されている。ジュピターリサーチによれば、二〇〇二年にオンライン上の個人広告にアクセスしたオンライン・ユーザーは一七〇〇万人を超え、サイトに利用料金を払ったユーザーは一五〇万人にのぼる。★1

もちろん、出会い系サイトにどれほど多くの出会いの可能性があるとしても、そのサイトを信頼しなければ、自分のプロフィールを載せる気にはならないだろう。そこで、マッチ・コム（Match.com）やアメリカンシングルズ・コム（AmericanSingles.com）など多くのサイトは、安全な

★1 "Yahoo adds Video, Voice to Online Dating Service." 12 January 2003.

環境の提供に努めている。メンバーは、何百人ものプロフィールや写真にアクセスし、匿名でメールを交換できる。個人情報の保護だけでなく、性的露出度の高い写真や言葉の使用、商用目的のみによる利用を禁止するなどの運用方針によって信頼を得ているサイトも多い。また、利用者の選択肢を広げるために、同業サイトの比較情報や評価を提供しているサイトもある。

多くの出会い系サイトでは、プロフィールの書き方から、写真の掲載や、最初のデートのお膳立てまで、さまざまなアドバイスを提供することで利用者のロイヤルティを醸成している。「最初の数回のデートは人目につく場所でするように」など安全のためのアドバイスまである。利用者に与えられる決定権が高いサイトほど人気があるようだ。

これらのウェブサイトは、サービスの透明性や顧客のプライバシー保護によって信頼を獲得し、アドボカシーを実現している。利用者の力を高めるような情報の提供を通じて良好な関係を築くことで、高いロイヤルティを生み出せるのだ。

耐久消費財——買い手市場

アマゾン、ディールタイム・コム（Dealtime.com）、ＣＮＥＴ、ビズレート・コム（Bizrate.com）、イーピニオンズ・コムなどの情報仲介業者の登場は、買い手のパワーを増大させた。

消費者は、さまざまな特徴や価格によって商品を比較する。購買客による商品の評価が載っていることも多い。このような新しい仲介業者は、小売業界を大きく変えつつある。たとえばアマゾンでは、同じような商品を購入した顧客が同時に入手した他の商品を参考にして、顧客ごとに「おすすめ商品」を提案している。顧客はこの提案を足がかりに、氾濫している商品群（音楽、書籍、DVDなど）から、自分にふさわしい商品を探すことができるのだ。

一方、既存の小売業者もインターネットをマルチチャネルの一つとして活用している。たとえばウォルマートが運営するサイトには「最寄りの店舗の新着情報」へのリンクがある。顧客はインターネットで情報を探してから、商品に「直接触れる」ために店舗を訪れ、確かめた上で購入する。サーキットシティ（circuitcity.com）では、顧客がオンラインで注文を行い、地元の店で商品を受け取る。これによって、同社は送料を節約できるだけでなく、商品提供の拠点があると顧客に印象づけることもできる。

マルチチャネル販売でのもう一つの傾向は、「オプトイン」システムだ。情報を登録すると、ディスカウントや新製品に関する最新情報をメールで受け取ることができる。J・C・ペニー（jcpenney.com）の場合には、九〇〇万人以上の顧客がこのサービスに登録している。ウォルマートやシアーズのような大手も、顧客を自社の顧客リストに載せるべく懸命に努力している。こうしたリストによって、小売業者は商品やサービスに興味を持っている買い手にアクセスでき、顧客は商品や価格についての最新情報を入手できる。

インターネットという新しいチャネルは、小売業を劇的に変革した。だが、既存の店舗が消滅することはない。今後も老舗の業者は、インターネットと店舗の融合によって、さらに良い情報や、購買決定のサポート、質の高い商品やサービスを提供するはずだ。顧客も、よりよい買い物ができるようになるだろう。

企業間取引——逆オークションによるコスト削減

今や企業間電子商取引はほとんど姿を消してしまったが、大抵の企業は、電子入札を含むサプライチェーンに統合されている。このような逆オークション（企業が最低価格を提示するサプライヤーを競争させるオークション）は、新規入札者の参入や既存のサプライヤーとの競争を促すことでコストを削減する。調達プロセスの簡略化によるメリットもある。生産財の購買企業も、一般消費者の場合と同じメカニズム（選択肢や入札者の増加、情報の充実、取引の単純化）により、そのパワーを強めているのだ。

しかし、工業製品の場合には、一つだけ重要な違いがある。入札者（サプライヤー）は入札価格への圧力によって供給品の品質を低下させ、購買者の信頼を失うことが多いのだ。これは大きな損失である。また購買者の側も、価格の低下による短期利益と長期的な影響のバランスを考慮しなくてはならない。

工業製品業界

アメリカでは、自社と競合他社の製品に関する比較情報を顧客に提供する工業製品メーカーが多い。ＡＭＤは、自社製品とインテルのプロセッサを比べているが、必ずしもすべての製品で優位を保っているわけではない。同社の「モバイル・パフォーマンス比較ガイド」によれば、デジタルメディア・ベンチマークで比較した場合には、インテルのペンティアム４（３・０６ＧＨｚ）

が同社のアスロン64 3200+よりも高い評価を得るという。つまりAMDは、顧客が製品を比較しやすくしているだけなのだ。

比較のルールは変わっている。かつての企業では、「わが社の製品が優れていることが、テストで証明されました」と宣言するだけでよかった。しかし今では、買い手は他の情報源からも比較情報を入手できるのだ。すべてのテスト結果を正直に公表し、強引に製品を売り込む代わりに、顧客の問題を解決できるよう営業スタッフを訓練し、アドボカシー型のマーケティングを実施するべきだ。自分が売る製品よりも顧客に合っていると思えるような製品が他社にあれば、その製品を推薦することによって顧客を支援するのである。

「顧客」としての中小企業

中小企業が企業間取引で無視されがちなのは、商品の販売コストが相対的に高いためだ。しかし、インターネットの導入によって、企業は以前より良いサービスを安価で提供できるようになった。また、中小企業との信頼関係を築くことも可能になった。

たとえばオスラム・シルバニアは、商品に関する情報を幅広く提供するため、マイシルバニア・コム（mySylvania.com）というサイトを開設した。このサイトは、効率的な発注と追跡管理を行うためのチャネルとしても機能している。また、製品の入手可能性に関する情報とともに、見積価格を自動的にリアルタイムで表示する。顧客（中小企業）は、このような情報を他の情報源からの情報と比較することによって、最小限の手間で一番安い商品を選択できる。

ＧＥプラスチックスも、インターネットの普及初期から、革新的な動きを見せている。同社のウェブサイトで提供中の情報は単なるデータシートではない。用途別に材料を紹介するとともに、「技術活用のためのツール」を搭載している。顧客は、プラスチックの硬度、疲労性、コストの計算といった技術的な問題を解決するためのウィザードを利用できるのだ。もちろん、このシステムが技術スタッフの代わりになれるわけではないが、その効果は大きい。同社はあらゆる顧客から信頼を得ている。特に、専任の技術スタッフが少ない小企業にとって、このサービスには非常に大きな価値がある。ＧＥと顧客企業のどちらにもメリットをもたらすのだ。

世界に広がるパラダイムシフト

インターネットを利用した顧客との信頼関係の構築は、アメリカでの先進的な事例が目立つが、他の国でも急速に広がっている。

アメリカ国内向けサイト（イーベイやＧＥなど）の国際化も見られるようになった。旅行業界では、オービッツ、トラベロシティ、エクスペディアなどのサイトが、世界規模でサービスを提供している。ヨーロッパのラストミニッツ・コム（lastminute.com）やイージージェット・コム（easyJet.com）のように、アメリカ以外の国で立ち上げられた旅行専門サイトも存在する。南米での先駆けになったデスペガー・コム（Despegar.com）は、ヤフーのラテンアメリカサイトの利用者への旅行サービスの提供を目指して同社と提携した。現在では、アルゼンチン、ブラジル、チリ、コロンビア、メキシコ、ウルグアイ、ベネズエラ、スペイン、アメリカに進出する一方で、法人向けの旅行市場にも参入している。★1

シティバンクやイー・トレードが世界規模で活動している金融業界では、EGGやバークレーズ銀行がEUにおける顧客との信頼構築に関して最先端を走っている。ヨーロッパの自動車業界では、ヴォクスホールやBMWが信頼構築を実現する革新的なサイトを提供している。武田薬品をはじめ日本の製薬会社は、患者に幅広い情報を提供し、これまで医者優位だった国内の医療体系を一新しており、イギリスのネットドクター・コム（Netdoctor.com）は、「医者と情報提供者の提携サイト」として知識やサービスを提供することで患者の力を強めている。スイスのインターネット健康協会は、「一般の人にとっても医者にとっても、有効で信頼できる医療・健康情報をオンラインで提供する」ことを目的に、サイトを運営している。このように、変革は世界中で起こっている。

本章では、さまざまな業界での状況を紹介した。そこから明らかなのは、カスタマー・パワーが強まっていること、マーケティング戦略の天秤がプッシュ・プル型からアドボカシー型へ傾きつつあることだ。しかも、その変化はますます顕著になっているのである。

★1 Iankelevich, David. "Online Travel Market in Latin America Getting Ready for Takeoff." *eMarketer*, March 2001.

chapter 4

新しいパラダイム

A理論

これまでの三章では、どの分野でもカスタマー・パワーが増大していることを紹介した。実際には、この傾向にさまざまな力が収束した巨大な津波が企業を襲っている。企業は次のことを自問しなくてはならない。

「増大する一方のカスタマー・パワーに対して、我々は何をするべきか？」

従来と同じプッシュ・プル型のマーケティング手法でプロモーションを実施したり、宣伝活動で顧客を惹きつけたりすることも可能だろう。しかし、ここで新たな選択肢として登場してきたのが、アドボカシーである。本章では、カスタマー・パワーの増大への対応策として、プッシュ・プル型のマーケティング理論（P理論）を凌駕するアドボカシー理論（A理論）を詳解し、これにもとづく新たなマーケティング手法を検討する。

伝統的なプッシュ・プル戦略のルール

過去五十年以上にわたって成功を収めてきた伝統的なマーケティング戦略の基調をなすのは、「お客様は神様だ」「顧客のニーズを把握し、それに見合った製品を作るべきだ」という考え方である。

この伝統的な考え方に立てば、顧客は企業の取り組みの受益者として市場で優位に立つことになる。また企業には、そのような顧客に多くの資源を使うことが求められる。そればかりか、企業は、顧客を説得して、自社製品を買わせなくてはならない。そのため、この戦略では、購買行動を促すために強引なプロモーションが展開される。本書では、このマーケティング手法を「プッシュ・プル戦略」と呼ぶ。この手法に従えば、次の七つのルールを守らなければならない。

❶ 買い手を説得せよ

市場取引のスローガンは、「買い手を説得せよ」である。つまり、顧客は、企業の言い分を鵜呑みにせず、冷静に受け止め、「熱心な売り込みはあくまで金儲けのためである」ことを認識する必要があるということだ。企業は強引に自社製品の購入を勧め、法の制約の範囲内でできる、あらゆる説得術を駆使している。言い換えれば、企業は情報の公平な提供ではなく、取引を成立させるような情報の提供に主眼を置く。

最も顕著な例は、携帯電話の広告だ。最近の広告では、基本使用料の安さに加えて、「長時間の通話料無料」「長距離通話無料」「週末の無制限通話」などの特典を声高に宣伝している。一見とても買い得に見えるが実態は違う。虫眼鏡がなくては読めないほどの小さな文字が、広告の一番下から二、三センチのところに印刷されているのだ。ここを読むと、加入費用や、毎月の手数料が別途必要であることがわかる。これらは広告の表示価格には含まれていない。二年以内に契約を変更すると多額のキャンセル料を請求される場合もある。

つまり、詳しく調べてみると、それほど買い得ではないのだ。最初の月の請求書が送られてきたとき、大半の契約者は仰天する。確かに、広告に嘘は書かれていない。小さな文字まで注意深く読めば、本当のことがわかる。「買い手を説得せよ」とは、顧客に責任があるということなのだ。買い手は、商品やサービスのすべてを見極めなくてはならない。「買い手危険負担」の世界では、企業は売上のためなら、偏った情報を一方的に提供してもかまわないのだ。

同じことは、銀行の場合にも当てはまる。アメリカの銀行では、口座維持手数料の安い当座預金を提供している。しかし、口座の残高不足で小切手を決済できなかった場合には、顧客が高い手数料を払わなくてはならない。しかも手数料は、他行のATMを利用する場合にも必要になる。これはクレジットカードの発行でも同じだ。またカード会社は、支払いの遅延などから顧客の経済状況が変わったと判断すれば、一方的に利率を引き上げることが可能だ。このような情報は、いずれも契約書に含まれている。だが、あなたは何ページにもわたる書類を読んだことがあるだろうか？　私は一度もない。アメリカでは、クレジットカード会社が透明性の欠如によって評判を落としている。通貨監査局に苦情を訴えた人は二〇〇三年で八万人に上るが、その最大の原因はクレジットカードである。★1

また、「買い手による危険負担」には、次のような例もある。ある自動車ディーラーが、一万四〇〇〇ドルという特別価格で車を売り出しているとしよう。その場合に買い手が考えなければならないのは、それが特定の一台についての値段だということだ。ショールームに行ったときには、その車はもうないかもしれない。そしてディーラーは顧客をショールームに誘い、もっと高い車を売りつけようと試みるはずだ。つまり、法の範囲内にとどまる限り、多少誤解を招くような宣伝も許されているのである。したがって顧客には物事を見極める目が求められる。

❷ 宣伝・販売活動へ積極的に資金を投入せよ

顧客を買う気にさせるには、お金がかかる。アメリカ国内に限っても、二〇〇四年に二六〇〇億ドルもの広告費が使われた。世界中ではこの金額は倍以上になるだろう。しかも、その数字は増えつつある。★2

特に、頻繁に購入される消費財では、宣伝費が商品価格の三三％を占めている。医薬品の分野では、年間で八万七〇〇〇人にのぼる製薬会社の営業担当者が医者を訪れている。社員一人あたり四・七人の開業医を訪問したことになる。訪問は一人の医者に対して十分間以内で終わることが多く、彼らはいくつかの薬品について説明し、無料サンプルを置いて帰るだけだ。

★1 McGeehan, Patrick. "The Plastic Trap: Soaring Interest Compounds Credit Card Pain for Millions." *New York Times*, 21 Nov. 2004, online edition.

★2 Emarketer: Comparative Estimates: Total Advertising Spending in the United States, 2000-2007.

だが製薬会社は、この種の営業担当者を確保するために、諸経費を含めて平均で一人あたり年間十五万ドル以上の資金を投じている。医療業界全体になると年間で一三二億ドルにのぼっている。★1

❸ 心理的欲求に訴え、市場ポジションを最適化せよ

企業が膨大な広告費を注ぎ込む主な目的は、ブランドイメージの確立である。市場にあふれるメッセージをかき分けながら、顧客の心に他社製品とは異なる強い印象を刻み付けるのだ。企業は「当社の歯磨き粉を使えば、もっと歯が白くなります」「当社の証券サービスは確かな情報にもとづいています」というような宣伝を展開する。セグメント化された市場でブランドの構築を目指す、このようなポジショニングでは、顧客の心理的欲求に焦点を当てることが多い。

クライスラーは、クロスファイアという新車に「三十代以上の女性が楽しめるスポーティ・カー」というポジションを与えている。この車は実際には、メルセデスベンツとほとんど同じ部品を使って組み立てられている。しかし、クライスラーのブランドを用いることで、「確かな楽しみ」「自由」「刺激」などの連想を女性客の心に呼び起こそうとしているのだ。

❹ 価格競争へ積極的に打って出ろ、顧客に応じて価格を設定せよ

企業は、価格とプロモーションを競合への対抗手段として活用する。アメリカの新聞の日曜版には、特売情報やクーポンが印刷された五十頁を超えるＦＩＳ（無料折込広告）が入っている

★1 Darves, Bonnie. “Too Close for Comfort? How Some Physicians Are Re-examining Their Dealings with Drug Detailers.” American College of Physicians(ACP) Observer, 2003.

ことが多い。ちなみに「特別価格」は、小売店がよく使う手段である。ほとんどの商品が「特価」で売られるため、メーカーの希望小売価格にはほとんど意味がない。実際、商品の小売価格が高ければ、その分だけ顧客に対するディスカウントの余地は大きくなる。価格競争のリスクが高い上に、競争環境が安定しない市場は多い。

アメリカの航空業界は、どの会社もサービスの質がほとんど変わらない業界の好例だ。この業界では、ある企業が運賃を値下げすれば、他社も追随して値下げに踏み切らなくてはならない。そこで航空会社は、解決策として運賃の差別化を打ち出した。同じサービスでも、顧客ごとに異なる価格を設定するのだ。もっとも、これは反感を招きやすく、結局は価格競争を引き起こすかもしれない。

❺ 質の高い製品・サービスを提供せよ

過去二十年の間に、世の中に出回る製品の品質は大幅に向上した。特にＴＱＭは大きく寄与している。企業は広範にわたる市場調査によって消費者の欲求を明確にし、質の高い製品を作り出すことに成功している。しかし、販売に際しては、多額の宣伝・プロモーション予算を投じて新製品を強力にＰＲすることに重点を置いている。流通業者や小売店、顧客に対して、なんとか購買を強制しなければならないと思い込んでいるのだ。

またＴＱＭから見れば、付加的なサービスは顧客にリピート購買を促す要因にもなる。しかし現実的には、きめ細かなサービスにはお金がかかり、コストや価格の上昇につながるため、抑制せざるをえないことも多い。そして、小売業者がコストを負担できない場合、メーカーがサービスを提供するようになる。たとえば、コピー機やコンピュータを修理するには、顧客は直接メーカーに故障品を送り、返送を待たなくてはならない。しかも、保証期間を過ぎた製品や、保証に含まれていない故障の場合には、顧客が修理費を払うことになる。

❻ 売上を伸ばせ

どの企業も、売上を伸ばすためなら何でもやる。企業がマーケティング活動を展開するのは、注文を獲得するためである。販売員にインセンティブやノルマを設けているのも、すぐに成果をあげるためだ。このような文化やインセンティブの構造が、販売員に強いプレッシャーを与える。そこで販売員は、顧客の異論や懸念を払拭するために、あらゆる手立てを駆使するようになる。ときには、その結果として、売り手と買い手の間に敵対関係が形成されることもある。

❼ 売上高と市場シェアを測れ

マーケティング活動は、実際の売上と計画の比較、販売目標への到達度によって管理される場合が多い。また市場シェアも成功を測る物差しとして使われる。しかも、四半期ごと、あるいはもっと頻繁に測られる傾向にある。ある消費財メーカーでは、地域や小売チェーンごとの市場シェアを毎日確認しているという。業績評価や成果給におけるインセンティブにより、短期的には成果が得られるかもしれない。だが一方で、成功を維持するための長期的戦略は無視されがちである。

マクレガーの組織理論

ここまでは、伝統的なプッシュ・プル戦略のルールを述べてきた。このルールは強力であり、過去には非常によく機能した。だが、これまでの説明を読めば、企業が往々にして顧客の信頼を損なうような行動をしていることがわかるだろう。カスタマー・パワーの時代である今日、こうしたルールに従っていては将来の成功は得られない。

古い考え方のなかでは、顧客は企業から説得されて製品を買う、あるいは無理やり買わされる存在だった。そのため「情報の不足により、顧客はうまく自分の意思を決められない。そのため企業の影響を受けやすい」という前提があった。

ハーバード・ビジネス・レビューに掲載されたスティーブン・ブラウンの論文"Torment Your Customers (They'll Love It)"(「顧客を痛めつけろ——顧客はそれを待っている」)[★1]は、まさにこうした見方に拠っている。彼はこう述べている。

「顧客は企業やマーケターに、しつこくせがまれ、じらされ、苦しめられることを望んでいる」

「顧客は自分が何をほしいのか知らない。決して知っていたことはないし、この先も知ることはないだろう」

★1 Brown, Stephen. "Torment Your Customers (They'll Love It)." *Harvard Business Review*, vol.79, No.9, Oct. 2001, pp.82-88.

こうした意見は極端だと思われるかもしれない。しかし、このような顧客観が、伝統的なマーケティング戦略の根幹にあることが多いのである。

アドボカシー型のマーケティングは、実践するためのルールや顧客観において、伝統的なプッシュ・プル型のマーケティングとは正反対のものである。プッシュ・プル戦略のパラダイムでは、「顧客は自分にふさわしいものを知らない」と考えているのに対して、アドボカシー理論では、顧客は「責任能力のある意思決定者」として積極的に行動する。

マクレガーは一九六〇年に、従業員のマネジメントに関するX理論とY理論を提唱した。★1 X理論は古いスタイルのマネジメントを表している。そこでの社員像は、「心を持たないロボット」であり、「賞与や厳しい管理によって仕事を強制されなくてはならない」。これに対して、Y理論は新しいスタイルのマネジメント理論だ。そこで想定される社員は「責任感を持ちながら優れた仕事をする勤勉な人間」である（**表1**）。

従来の考え方（X理論）では、社員は「仕事が嫌い」で「責任を回避する一方で、他人に指示されるのを好む」ため、企業組織では「権威」と「支配」が作用することになる。Y理論では、社員は「創造力に富む存在」で、「主体性を発揮し、責任を負うことを好む」。この場合に組織を成功に導く重要な要素は、参加型経営、目標管理（MBO）、チームワークである。もちろん、今ではX理論は否定的に見られている。だが一九六〇年当時は、力と支配による経営が主流であった。マクレガーの理論を「急進的」とみなした経営者も多かったのである。

プッシュ・プル戦略（P理論）とアドボカシー戦略（A理論）の差異は、マクレガーのX理論と

★1 McGregor, Douglas. *The Human Side of Enterprise*. New York, McGraw Hill, 1960.（『企業の人間的側面』（新版）ダグラス・マクレガー著、高橋達男訳、産業能率大学出版部、1988年）

Y理論のそれに匹敵する。その鍵は、企業が顧客に対して抱いている前提の変化にある。Y理論が、「権限を与えられた社員」という新しい視点を提供したように、A理論は新しい顧客観を提示する。

A理論は「パワーを持った顧客」という視点を提示している。そこで重視されているのは、パワーと責任感を持った顧客の信頼を獲得し、互いに利益のある関係を構築することだ。たとえば、企業は顧客の「パートナー」として、個々の顧客への情報提供にインターネットを活用する。チャールズ・シュワブのCMでは、一人の顧客がこう言う。「私は、前のブローカーが思っていたほどばかではないのよ」。彼女は資金をシュワブに預ける。シュワブは、前のブローカーと違って、彼女を「有能な顧客」として尊重する。このような顧客像こそ、A理論の前提にあるものだ。

したがって、ここで問題になるのは、あなたが仮定する顧客像だ。あなたの会社に存在する、

表1 組織理論におけるX理論対Y理論、マーケティング理論におけるA理論対P理論

	社員に対する前提	顧客に対する前提
古い前提	X理論	P理論（プッシュ・プル戦略）
	社員は仕事が嫌い	顧客は自分で決めたがらない
	社員は強制されないと仕事をしない	顧客は受身で、強制されなくてはならない
	社員は指示されるのを好む	顧客は自分で知識を得ることができず、他人の影響を受けるのを好む
	社員は責任を負いたがらない	顧客は想像力に欠ける
新しい前提	Y理論	A理論（アドボカシー戦略）
	社員は自分の意思で行動したがる	顧客は自分で意思決定する
	社員は自分の満足のために行動する	顧客は積極的で、購買プロセスにおいて主体性を発揮したがる
	社員は責任を求め、受け入れる	顧客は学習結果にもとづいて決定を行うことを好む
	社員は想像力、工夫力、創造力を持つ	顧客は想像力、工夫力、創造力を持つ

顧客に対する仮定の妥当性を確認しなくてはならない。本書でこれまでに見てきた、多くの市場におけるカスタマー・パワーの増大は、顧客像の見直しが必要であることを示している。「自己の責任において積極的に決断を下す」のが、新たな顧客像である。あなたの会社での顧客像はどうだろうか。このとおりなら、A理論にもとづいたマーケティング活動が必要なのである。

Y理論は、一九六〇年代の組織理論にパラダイムシフトをもたらした。同様に、A理論という新しい考え方の登場は、マーケティング理論におけるパラダイムシフトである。パラダイムが完全にA理論に移行するには、まだ五～十年かかるかもしれない。だが、世界はもはや昔の世界ではない。現在ではまだ急進派と見なされるかもしれないが、近い将来、A理論はマーケティング戦略の主流となるに違いない。

アドボカシー戦略のルール

A理論の前提に立てば、ゲームのルールはP理論の場合とは完全に異なるものとなる。以下、アドボカシー型のマーケティングのための七つのルールを紹介しよう。

❶顧客を支援せよ

A理論で最も重要なルールは、顧客を支援することだ。顧客に対して、偏りのない完全な情報を公平に提供する。透明性を確保し、すべてを公開するのである。また、自社ブランドを信頼の目印にすることを目指さなければならない。

セント・ポール保険会社のCMの例を紹介しよう。タンザニアのセレンゲティ草原を一人の少女が歩いていると、サイが突進して来た。彼女は落ち着いて足を踏ん張り、ほんの二、三センチのところでサイを止める。彼女がサイの顔面を軽くたたく。画面から、「たとえあなたが危ない目に遭っても、信頼は揺らぎません」という声が流れる。これは、信頼をとてもうまく定義したCMだ。信頼と支援は顧客を守るためにある。企業の仕事は、顧客が弱い立場にある場合に、不当なサービスや欠陥商品などから顧客を守ることである。

❷ 優良製品へ重点的に投資せよ

A理論においても宣伝・販売活動は、新製品のPRや、自社ブランドの構築の手段として重要である。しかし、それ以上に重要なのは、優良製品の開発に資金を投入することだ。

確かに、企業は宣伝・販売活動によって、消費者に商品の特徴を伝えることができる。だが、消費者のパワーが増している現状では、消費者は客観的な情報をもとに、幅広い選択肢の中で製品を比較する。完全な情報が提供されている世界では、偏った宣伝活動はほとんど用をなさないことを理解しなければならない。「製品のプラス面を強調し、マイナス面を伝えない」という古いルールも役に立たない。インターネットが生んだ透明な世界では、もはや企業は、自社の製品やサービスの欠点を隠せないのである。

顧客は最高の製品を求め、さまざまな情報で武装している。そこで、先に述べた第一のルールに従えば、企業はそういう顧客の行動を助けなければならない。つまり、あなたの会社は、ただ「品質が高い」だけでなく、「最高」の製品を開発しなくてはならない。

❸価値を創造せよ

価格は企業にとって重要だが、強力なプロモーションを実施しなければ売れないとしたら、その企業は価格に見合った製品やサービスを提供していないことになる。価格ではなく価値の高さを重視するのがA理論の一つのポイントである。顧客が求めているのは、コスト・パフォーマンスが最も高い製品・サービスだ。必ずしも一番安いものではない。

成功の鍵は、顧客が望み、必要としている付加価値を生むことだ。アドボカシー戦略によって信頼関係を築いていれば、顧客は付加価値についての企業の言い分を信じ、安心してその薦めに従うだろう。重要なのは、製品・サービスの付加価値の向上やイノベーションを図り、価格競争を避けることだ。製品の値段と価値を一致させるべきである。

付加価値の小さい製品の価格は抑えなければならない。しかし、イノベーションによって顧客に新しい便益を提供できるのであれば、高い価格を付けることも可能である。顧客はその価格を自分たちが受け取る価値の正当な対価と考えるからだ。

❹顧客とともに製品を作れ

「価値」の重視を掲げるからには、顧客にとって何が価値なのかを理解しなくてはならない。顧客のニーズや意思決定のプロセスを理解するということである。そのためには、顧客との密接な協力関係を築く必要がある。

自社の新製品の参入チャンスを評価する際に、既存の市場調査ツール★1を活用することもできるが、それよりも優れたアプローチは、顧客とともに活動することだ。A理論の前提にある顧客像を真摯に捉えてほしい。賢明で自分のニーズを理解している顧客たちは、自分のニーズを満たす手段について考えることができ、あるいはその手段を作り出す方法を知っている場合も多いのである。★2

❺ 完全に実行せよ

信頼を獲得するのは容易ではない。顧客は、あなたの会社が顧客の利益を最大化するために取り組んでいることを確信すれば、信頼のレベルをゆっくりと上げる。企業は、顧客との約束を実行し、信頼を守り、高めていかなければならない。一度失われた信頼を取り戻すのは至難の業である。もともと実行できない約束をしてはならないし、信頼を維持する体制が整っていない場合には、アドボカシー戦略を採用してはならない。これは経営面だけでなく、あらゆる部門に通じて言えることだ。製品の欠陥やサービスのつまずきは、「トラストバスター（信頼を破壊する原因）」になる。それは絶対に避けなくてはならない。繰り返すが、「信頼とは、獲得するのは難しく、失うのは簡単」なものであり、企業にとって、顧客との約束の実行こそ、何よりも

★1 Urban, Glen L. and John H. Hauser. *Design and Marketing New Products* (Prentice Hall, Upper Saddle River, NJ), Second Edition, 1993.

★2 Von Hipple, Eric (2001). "Perspective: User Toolkits for Innovation." *Journal of Product Innovation.* v. 18, (2001): 247-257.

重要なものである。

❻ 顧客にとって優良企業であれ

「顧客を自社の〈優良顧客〉にするにはどうすればよいのか」ではなく、「自社が顧客にとっての〈優良企業〉になるにはどうすればよいか」を自問しよう。

最初の購買の直後に追加的なサービスを提供し、製品のリピート購買だけでなく、顧客との関係構築まで促進することにより、長期的に互いの利益となる関係を作らなければならない。また、多種多様なニーズに合ったサービスを開発し、顧客との関係を深めることが重要だ。そして特定の製品の市場シェアではなく、ターゲット市場のニーズのシェアに焦点を合わせよう。長期的な視点で物事を考えることだ。目先の利益に引きずられて顧客の長期的利益を損ねてはならない。

❼ 顧客との長期的な信頼関係を測定せよ

あなたの会社に対する顧客の信頼のレベルを測定するべきだ。信頼度は、長期的な利益や投資対効果と重要な相関を持つ。リピート購買の度合い、あなたの会社の顧客内シェア、そのシェアの拡張度。これらによって、あなたの会社に対する顧客の信頼度を測り、長期的な顧客ロイヤルティの形成に努める必要がある。

Ａ理論におけるこのようなルールは、プッシュ・プル型のマーケティングにおけるＰ理論のルールとはまったく異なっている。Ａ理論におけるアドボカシーの哲学は、Ｐ理論における「買い手の危険負担」の対極にある。

マーケティング活動がＰ理論からＡ理論へと移行すれば、重要なポイントも変わる。Ｐ理論で重要なのは「宣伝」と「価格」だ。これに対してＡ理論では、製品・サービスの「優位性」と「価値」が最も重要である。どちらの理論にも、質の高い製品は欠かせない。しかし、Ｐ理論では、品質は「高いほうが望ましい」が、Ａ理論では「最高でなくてはならない」。

また、Ａ理論は、Ｐ理論よりもサービスをより重視する。どちらの理論でもイノベーションを重要視するが、Ａ理論でいう「イノベーション」は、顧客との関係がより深いものである。両者の違いは、成果をモニタリングするための測定方法や管理システムにも見られる。Ｐ理論では、市場シェアや売上を観察し、短期的利益の最大化を図る。だが、Ａ理論では「信頼」や「ロイヤルティ」という長期的な指標を用いることで、継続的な利益の最大化を狙うのである。

Ａ理論の先駆者たち

マーケティングの歴史を振り返ると、Ａ理論の先駆者たちの姿を見出すことができる。

一九四〇年代の映画『三十四丁目の奇跡』をご存知だろうか。百貨店の店員が、ほしいものを探している母親に対して「うちではなく、あっちの店に行ったほうがいい」と勧める場面がある。これこそ、初期のアドボカシーの一例だ。

同じような例は、ほかにもある。銀行の信託部門の担当者は、信託財産の預託者を保護する責任を担っている。また、個人に一〇〇万ドル以上の資金を提供する民間銀行では、顧客との信頼関係が強く、担当チームに投資の権限を委ねている顧客もいる。そのチームが手数料だけを追求せず、顧客のニーズを真剣に受け止めてくれていることを確信しているからだ。信用組合、農業協同組合、ＲＥＩのような消費者協同組合も、以前からアドボカシーの哲学を持っていた。街角の薬局の薬剤師は、多くの薬品についての知識をもとに患者に最も適した薬品を選ぶ。副作用に関するアドバイスも提供している。

こうした先駆者たちの取り組みを、市場における販売活動に適用することが必要である。たとえば、売上に直結しなくても顧客の問題解決に関するサポートを行うということだ。顧客の欲求を満たすために、顧客と共同で商品開発に取り組むこともこれに当たる。ＴＱＭやＣＲＭによる企業の取り組みは、Ａ理論に向けた進化への一段階とも言える。

現代は、カスタマー・パワーの時代だ。あなたの企業も、アドボカシーを例外や特殊事例としてではなく、標準的な戦略として活用しなくてはならない。Ａ理論の先駆者に学び、それを超えて、アドボカシー戦略の広範かつ完全な実施に向かうべきである。

企業戦略としてのアドボカシー

「アドボカシー」はマーケティングの概念である。しかし、マーケティング部門だけでなく、あらゆる組織、あらゆる企業活動に適用されなければならない（**図1**）。アドボカシーの実践を、マーケティングから他部門へと波及させていくべきだ。全社でマーケティングの取り組みに協調することも必要だ。その場合には、特定部門の突出を避ける一方で、アドボカシーのビジョンによって企業組織の一体化を図らなければならない。

技術部門は買い手にとって価値の高い製品を設計する。製造部門は、コストを維持しながら最高の品質を保証する。人事部門は社員教育を行いつつ、A理論の実践に適した社員を採用する。財務部門は長期的利益の視点から、信頼やロイヤルティを「管理変数」として検討する。流通部門は自社のアドボカシー戦略に合致したオペレーションを展開する。そしてサービス部門は、顧客に約束したとおりのメリットの提供

図1　企業戦略としてのアドボカシー

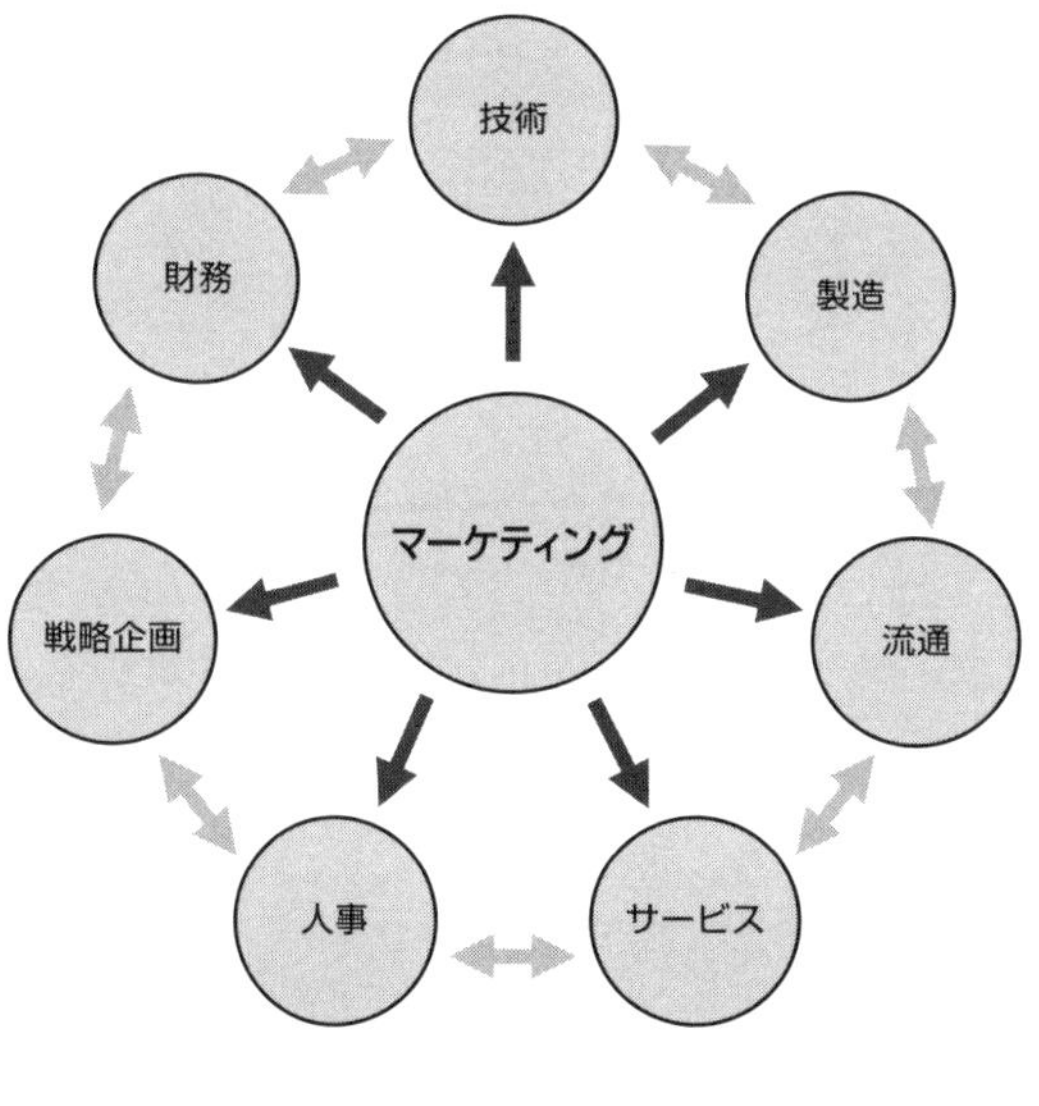

を保証する。

要するに、アドボカシーを企業のあらゆる部門の「哲学」として浸透させなければならない。そして、この新しい視点を戦略に反映させなくてはならない。A理論は単なるマーケティングの一視点ではない。企業のあり方を規定する「哲学」なのだ。

アドボカシーを実践する企業は、本物の価値を顧客や市場に提供することで、不毛な価格競争から抜け出せる。顧客定着率が高まるため、安定した売上を維持できる。そして、プッシュ・プル型マーケティングを行う企業より、はるかに売上を伸ばし、かつマーケティングコストを抑えることができる。

プッシュ・プル型の企業は、不満を感じて離れてしまう顧客の代わりに、予備知識のない新たな顧客を常に呼び込まなくてはならない。約束を果たさない上にサービスレベルが低いことが知れ渡れば、企業は新しい顧客への到達や購買促進のために、ますます多くの資金を注ぎ込むことになる。宣伝やマーケティングに資金を注ぎ込めば一時的には顧客を獲得できるだろう。だが、顧客を満足させられる製品やサービスを提供できなければ、投資に見合った利潤を得ることはできない。

アドボカシー型の企業は、顧客一人あたりのマーケティングコストを抑えながらも顧客数を増やしている。そうした企業は、無償でありながら非常に効果的なマーケティング資源を持っている。製品やサービスに満足している顧客、評価を行う第三者機関、ジャーナリストが、顧客からの信頼のレベルを高める上で非常にうまく機能しているのだ。顧客が企業を信頼すれば、顧客も企業も売値をめぐる交渉や商品の点検、サービスの監視に時間を使わなくても済む。また、商品が顧客に到達するまでのコストの総額を抑えられる。

アドボカシー型の企業では、自社製品が顧客にとって最適のものでなければ、その製品を薦められない。このため質の高い製品やサービスの生産・提供に、以前より多くの資金を投入しなくてはならない。それでも、これらの支出は、顧客に対する真の価値の提供に直結する。だからこそ、長い目で見れば、企業は高い投資収益率（ROI）を確保できるのだ。

あなたの企業が自問すべきこと

「カスタマー・パワーの高まりに対して、自分の会社はどうすべきなのか」

この質問に対する答えは、プッシュ・プル型かアドボカシー型のマーケティングのいずれかである。顧客に対する見方によって、その判断は異なるはずだ。こう自問してほしい。

「わが社では、お客様のことをどう考えているのか」

これに答えるためには、さらに次のように問いかけるとよい。

「わが社のお客様は、意思決定に積極的だろうか、それとも消極的だろうか」

次に、戦略について考えてみよう。

「わが社のマーケティングでは、P理論とA理論のどちらを基礎にすべきか」

革新的な企業は、A理論の下でマーケティング活動を開始している。だが、あなたの会社ではどうだろうか。次の章では、この質問に対する答えについて論じたい。アドボカシー戦略に移行する際に、あなたの会社がどれほどの信頼を獲得しなくてはならないかを知るための枠組みを提供しよう。

chapter 5

信頼の8要素

前章では、プッシュ・プル戦略（P理論）との対比によってアドボカシー戦略（A理論）について論じた。おそらく現実的には、あなたの会社のマーケティング戦略は、両者の中間に位置づけられるだろう。顧客との信頼関係をある程度は築いているが、まだ完全に顧客を「支援（アドボケート：advocate）」しているわけではないという状態だ。

アドボカシー戦略を構築するには、まず自社が顧客にどれほど信頼されているか（信頼度）を、いくつかの評価指標によって見極める必要がある。その上で、ビジョンを掲げ、どうすればそこへ到達できるかを判断しなければならない。

直ちに完全なアドボカシー戦略を導入するべきか、従来の戦略からの段階的移行を図るべきかは、業界や企業の状況によって異なる。だが、いずれの場合も、顧客との信頼関係をどの程度のレベルにするかを決めておく必要がある。

図1　市場調査の質問項目の例

以下の文章について、1～5のいずれかでご回答ください。

（1：反対　2：やや反対　3：どちらでもない　4：やや賛成　5：賛成）

- X社は信頼できる企業だ。（　　）
- X社が行う約束は、概ね信用できる。（　　）
- X社は市場をよく理解している。（　　）
- X社は、自社の利益より顧客の利益を優先すると思う。（　　）

まず、あなたの会社に対する顧客の総合的な信頼度を評価しよう。

顧客の信頼度を知るには、現在の顧客や見込み客を対象にした市場調査が役に立つ（**図1**）。また、フォーカスグループを使えば評価の精度はさらに高くなる。社内や経営陣による判断に委ねてはならない。ほとんどの経営者は、顧客が実際に抱いている信頼度よりも、自社を高く評価する傾向があるからだ。「我々は市場の信頼を得ている」と言うのは簡単だが、顧客の本心を知れば、多くの経営者は驚くに違いない。

図2では、三つのマーケティング戦略に対する総合的な信頼度を評価している。プッシュ・プル戦略に対する顧客の信頼度が低いのに対して、アドボカシー戦略への信頼度は高い。そしてリレーションシップ戦略は両者の中間に位置づけられる。

信頼の構成要素

総合的な信頼度を単一の指標で評価するより、信頼を複数の構成要素に分解し、個々について評価するほうがよい。違いを生み出す基本的な要因を理解すれば、信頼に対する洞察を深めることができる。次に信頼を構築する八つの要素を紹介する。

図2　3つの戦略の総合的な信頼度

信頼の欠如						高い信頼
懐疑心 不信感 裏切り	P		R		A	信用 確信 忠誠

P＝プッシュ・プル型　R＝リレーションシップ型　A＝アドボカシー型

❶透明性
❷製品・サービスの質
❸インセンティブ
❹顧客とのパートナーシップ
❺顧客との共同開発
❻製品比較やアドバイス
❼サプライチェーン
❽アドボカシーの浸透

本章では、これら八つの要素に焦点を当てる。これらはプッシュ・プル型とアドボカシー型を区別する上で最も重要である。

図3は、八つの要素ごとの信頼度をまとめたものである。図の左端は、不信感を生み出す活動を表している。不信感は、企業の自信を失わせるとともに、顧客の懐疑心や裏切りにつながる。逆に、どの指標でも、右側に近づくほど信頼度は高い。また、右端に位置する顧客は、企業に強い信頼とロイヤルティを抱いている。さらに、図の中には、三つのマーケティング戦略(プッシュ・プル型、リレーションシップ型、アドボカシー型)の位置を八つの要素ごとに記した。この例を見れば、それぞれの要素の意味が明らかになるだろう。

図3 構成要素単位での3つの戦略の位置

	1	2	3	4	5	
❶透明性 企業はゆがめられた情報を提供したり、情報を隠したりする	P		R		A	企業は完全で偏りのない情報を提供する
❷製品・サービスの質 企業は、顧客に対する約束を果たせないほど質の低い製品やサービスを提供する		P		R	A	企業は、最高級の製品やサービスを提供することで、顧客の期待を満たす
❸インセンティブ 企業は顧客の利益ではなく、自社のためのインセンティブを持つ	P		R		A	企業は、社員の信頼や顧客のニーズを満たすためのインセンティブを持つ
❹顧客とのパートナーシップ 企業は顧客の問題解決に手を貸さない	P		R		A	企業は顧客への支援を通じて、顧客が自分で問題を解決できるようにする
❺顧客との共同開発 顧客は企業の作った「商品」を買う	P		R		A	顧客は個々に、あるいはコミュニティを通じて製品開発に協力する
❻製品比較やアドバイス 企業は製品を比較しないか、一方的に比較する。また、アドバイスを行わない	P			R	A	企業は競合製品を正直に比較し、顧客を巻き込んだコミュニティを形成する
❼サプライチェーン 流通チャネルが信頼形成の妨げとなる	P		R		A	あらゆるサプライチェーンのパートナーが信頼形成に向けて機能する
❽アドボカシーの浸透 マーケティング部門がサービスや製品を押し付ける	P	R			A	あらゆる部門が信頼形成のために機能する

P＝プッシュ・プル型　R＝リレーションシップ型　A＝アドボカシー型

❶ 透明性★1

アドボカシーにもとづいて顧客と信頼関係を築くことは、顧客に対する透明性を高めることにほかならない。アマゾンは非常に透明性が高い企業の好例だ。アマゾンで提供するのは、出版社による書籍の情報やレビューにとどまらない。他の読者によるレビューや「おすすめの本」に加え、本の数ページを読めるサービスや、売上ランキングも提供している。著者が複数の本を書いていれば、著者名をクリックして他の著作を探すことも可能だ。さらに、在庫の有無や発送にかかる時間を伝えている。配達方法は顧客が指定できる。また、注文を受けると発注内容を記した確認メールを顧客に自動送信し、商品を発送すると発送通知メールを送る。

このように、アマゾンの顧客は、商品や代替商品について豊富な情報を得ることができ、それをもとに最高の商品を選べるだけでなく、注文や発送処理の確認をすることができる。要するにアマゾンは、商品についてのあらゆる知識を顧客と共有しているのだ。

あなたの会社を「透明性」という指標で評価し、その向上を目指す場合、製品やサービスの価格設定の方針を検討する必要がある。自社製品の欠陥や問題点を率直に認めた上で、製品の性能を公表することも必要だ。

透明性の高い企業は、顧客にあらゆる情報を公開している。さらに、顧客がそれらの情報を手軽に利用し、理解できるようにしている。こうした透明性の追求は、カスタマー・パワーが増大した今日では不可避の課題である。顧客は必ず真実を見抜くようになる。また、顧客や第三者機関が、企業による詐欺同然の行為や質の低い製品・サービスをことごとく人目にさらそう

★1 Pagano, Barbara et al. *The Transparency Edge: How Credibility Can Make or Break You in Business*. New York: McGraw Hill, October 2003.
Tapscott, Don et al. *The Naked Corporation: How the Age of Transparency Will Revolutionize Business*. Reed Business Information, 2003.

とする。そのため、企業は自社の情報を正直に公開せざるをえないのだ。

❷製品・サービスの質★2

製品やサービスは、高品質であるか、品質に見合った価格を付されていなくてはならない。さもなければ、自社製品を心から薦めることはできないはずだ。顧客の信頼も勝ち取りにくくなる。製品やサービスの質はアドボカシーの前提条件である。

図3で示したように、アドボカシー戦略では高い品質が要求される。プッシュ・プル戦略と比べて、はるかに質の高い製品を提供しなければならないのだ。

プッシュ・プル戦略では、製品の質の悪さを隠すために誇大宣伝や値下げを実施する。この「品質」という指標でアメリカの航空業界を評価してみると、多くの会社が低い位置になる。旅行客は、一方的なコストや人員削減の影響に加えて、狭い座席やチェックインまでの時間の長さに不快感を覚えているからだ。

リレーションシップ戦略では、質の高い製品やサービスが必要になる。この戦略が顧客ロイヤルティに依存し、顧客ロイヤルティが品質と相関関係にあるからだ。

一九八〇年代のアメリカでは、国産の自動車には日本製よりも多くの欠陥が見られたため、アメリカの自動車メーカーは市場シェアを失った。しかし現在では、品質改良のための懸命な努力によって、J・D・パワーの顧客満足度ランキングで以前よりも上位にあげられるようになった。今やアメリカの自動車メーカーは、顧客の期待以上の質を有する車やサービスを提供している。

★2 Gale, Bradley. *Managing Customer Value: Creating Quality and Service That Customers Can See.* Free Press, 1994. Treacy, Michael et al. *The Discipline of Market Leaders: Choose Your Customers, Narrow Your Focus, Dominate Your Market.* New York: Perseus Books, 1997.（『ナンバーワン企業の法則』マイケル・トレーシー、フレッド・ウィアセーマ著、大原進訳、日本経済新聞社、2003年）

そして、この段階に至って新たな課題が生じている。「品質」に対する顧客の評価と現実との食い違いを埋める方法を考える必要に迫られているのだ。

自社製品やサービスの質で高い評価を得るために、企業が顧客に「豪華な商品」を提供する必要はない。むしろ必要なのは、顧客の「約束や期待に沿った商品」を提供することである。大切なのは、商品が顧客の期待と同等ないしそれ以上の品質を有し、同価格の他社製品と競合できるだけのレベルに達していることなのだ。

あなたの会社は、多様な品質評価指標（欠陥率、注文の正確さ、遅延時間など）によって製品やサービスの質を自ら評価できる。しかし注意すべきは、絶対基準による品質よりも、顧客の期待や競合他社の製品との比較による「相対的な品質」が重要であるということだ。

❸ インセンティブ

「アドボカシー」とは、企業の利益と顧客の利益を一致させることである。顧客は売り手の意図に敏感だ。企業が長く相互に実り多い関係を真剣に築こうとしていると確信しない限り、顧客がその企業を一〇〇％信頼することはない。

顧客を支援するインセンティブ（動機）を設けている企業として、証券会社のチャールズ・シュワブがあげられる。同社のブローカーは、シュワブから基本給を受け取っており、他の多くの小売証券会社のように過剰売買によって手数料を稼ぐことはない。また同社は投資銀行部門を持たないため、自社の利害に関わりなく企業を公平に評価できる。さらに、オンライン・

ツールの提供を通じて、顧客自身による企業の評価や健全な投資選択を可能にしている。「インセンティブ」という指標で評価すれば、シュワブは非常に高いレベルに位置する。対照的に、あらゆる報酬を歩合制にしているテレマーケティング企業は、この指標では低く評価される。

あなたの会社でも、自社のインセンティブ構造を調べれば、この指標による評価が可能だ。パフォーマンス測定、社員評価基準、ビジネスモデルの構造によって、あなたの会社と顧客との利害の一致度合いを判断できる。異なる顧客グループやビジネス・パートナーの利害の競合によって、的はずれのインセンティブを生み出しているかもしれない。

❹ 顧客とのパートナーシップ

信頼の構築は、企業が顧客を支援し、顧客の味方であると理解してもらうことで可能になる。販売を目的とした不純な関係ではなく、純粋な相談役として顧客と接するような関係をつくることが必要だ。

互恵関係を築いている企業の例として、GEがあげられる。同社はシックス・シグマの手法やビジネスプロセス改善のための知識を法人顧客と共有している。製品ラインを超えた領域で顧客を支援することは、表向きは利他的な関係に見えても、次の三点において企業の側にも大きな価値をもたらす。

まず、顧客ロイヤルティにつながる強い社会的な絆を生み出す点である。次に、顧客のニーズや問題点への理解をさらに深められることだ。プッシュ・プル型の対応ではなく、顧客の問題解決のために一緒に活動することによって、企業は顧客が直面している問題を見抜く力を得ることができる。最後に、Ｂ２Ｂの分野では、顧客企業の成長を促すことによって、売上増という大きな見返りが期待できる。成熟した業界では、サプライヤーの成長率が顧客企業の成長率を上回ることは不可能だ。顧客の繁栄とは、顧客にとって必要な製品やサービスを供給する企業の繁栄を意味する。

「パートナーシップ」に関するあなたの会社の評価は、顧客との関係の深さによる。よそよそしい関係しかなければ、高い評価を得るのは無理だ。顧客企業のための特別なソリューションや、その企業に適した価値を提供するために、社員が顧客企業と一丸となって働くことでのみ高い評価を得ることができる。また、本業とおよそ関係のなさそうな領域で顧客を支援する企業は、「パートナーシップ」に関して最高の評価を得ることができる。

column

2 ＧＥ——お客様のもとで、お客様のために

「お客様のもとで、お客様のために」を掲げるＧＥの顧客支援プログラムでは、シックス・シグマ、ビジネスプロセスの改善、人的資源、ＩＴに関する同社の経営管理のノウハウを顧客に提供している。プログラムを推進するＧＥの社員は「ブラ

ックベルト」という資格を持ち、業務改善のリーダーとしての訓練を受けている。彼らは顧客企業を訪れ、業務の改善に協力する。GEでは、このような小規模のコンサルティングを無料で実施している。

もっとも、その目的は、実際に顧客企業の業務改善に取り組むことではなく、改善の足がかりを提供することにある。プログラムは必ずしもGEのビジネスと関連していなくてもかまわない。業務における最良の実践方法を伝えることによって、顧客企業の収益向上に手を貸すことが目的なのだ。

GEでは、「お客様のもとで、お客様のために」プログラムを、あらゆる部門で実施している。アメリカの旅行業界が厳しい不況に見舞われた二〇〇一～〇三年にかけて、GEの航空エンジン部門は経営難の航空会社を支援した。

航空会社が飛行機を運航しなければ、GEのジェットエンジンや予備部品は購入されないし、有料のメンテナンス・サービスも利用されない。そこで同社は、エンジン関連以外の部門とも連携し、支援プロジェクトを実行した。財務から運航計画、タイヤ工場に至るまで幅広い業務の改善を、GEのブラックベルトやシックス・シグマの取り組み実績を活かして後押ししたのだ。二〇〇一年九月十一日の同時多発テロ事件以後は、このプログラムに投入する社員をそれまでの三倍に増やした。同社の推計によれば、プログラムを導入した航空会社は、業務改善の効果により現在までにおよそ四億ドルを節約できたという。

GEの他部門も、独自の「お客様のもとで、お客様のために」プログラムに取り組んでいる。GEキャピタルは、二〇〇一～〇四年までの間に、同じようなプロジェクトを五〇〇件以上も実施した。ホーム・デポの一三〇〇店舗でのワークフローの改善が代表例だ。他の部門でも、顧客企業のさまざまな業務（交通機関の信頼性、病院でのCTスキャナの待ち時間、ヨーロッパでのコピー機売上など）の改善に一役買っている。このように規模の小さいプロジェクトは、全体を合計すると六〇〇〇件以上にのぼる。

「お客様のもとで、お客様のために」プログラムによって、GEは自社の知識や経験を分かち合いながら顧客企業を助けている。こうして顧客企業との関係を強め、その企業から信頼を得ているのだ。

❺ 顧客との共同開発★1

プッシュ・プル型の企業は顧客からアドバイスを求めたり、顧客の提案を新製品に生かしたりすることはめったにない。不定期にフォーカスグループを活用する程度だ。リレーションシップ型の企業は、顧客の意見を聞きはするが、顧客とともに新製品の開発・設計に取り組むことはない。

これに対して、アドボカシー型の企業は、顧客をパートナーにすることで積極的に新しい製品を作り出す。顧客は賢明で責任が持てる存在であることを認識した企業は、顧客から情報だけ

★1 Hiebeler, Robert et al. *Best Practices: Building Your Business with Customer-Focused Solutions* (Arthur Andersen). Touchstone, New York: 1998.
Prahalad, C. K. and Venkat Ramaswamy, *The Future of Competition: Co-Creating Unique Value with Customers.* Boston, MA: Harvard Business School Press, 2004.（『価値共創の未来へ』C・K・プラハラード、ベンカト・ラマスワミ著、有賀裕子訳、ランダムハウス講談社、2004年）
Whiteley, Richard et al. *Customer Centered Growth.* Perseus Books Group, 1997.

でなく製品開発のためのアイデアさえも求めることができる。さらに一歩進んで、顧客が自力で問題を解決するための「ツールキット」を提供することで、新製品の開発に役立てようとする企業も実在する。★2

企業は、個別に、あるいはコミュニティを通じて、顧客と関わることができる。たとえば、デルやアップル、ヒューレット・パッカードなどの多くのコンピュータ会社は、顧客が自社製品について議論できるオンライン・フォーラムを提供している。

最近の製品は、モデルが複雑多岐にわたる上に利用方法も限りなく多様である。そのため、「バージョンNのOSを搭載したコンピュータモデルZを使って、アプリケーションXからプリンタYにプリントアウトしたいのだが、問題が発生している」というような顧客の疑問に、企業も答え切れなくなっている。開かれたオンライン・コミュニティは、企業と顧客がお互いに助け合う場として、多様な周辺装置や複雑な製品を利用する場合に役立つ情報を共有できる。コミュニティの中から、問題解決策や将来の製品開発のアイデアが出されることも多い。そして企業は次のようなメリットを享受できる。

❶ 企業と顧客の関係や、顧客同士の関係を強化できる。
❷ 顧客ロイヤルティが高まる。
❸ 技術サポートのコストを下げられる。
❹ 新たな問題点や商品開発のチャンスを知ることができる。

★2 Thomke, Stefan and Von Hippel, Eric. "Customers As Innovators: A New Way to Create Value." *Harvard Business Review*. April 2002.
Von Hippel, Eric. *Democratizing Innovation*, Cambridge, MA: MIT Press, 2005.

column

3

AMDのエッジプログラム

パソコン用のプロセッサ、フラッシュメモリー、コネクティビティ・ソリューションを提供しているAMD（Advanced Micro Devices）は、「顧客中心」のソリューション維持を明言し、製品開発にあたってはイノベーションだけでなく顧客ニーズを常に念頭に置いている。

そのため同社は、AMDエッジと呼ばれる特殊なオンライン情報ハブを構築した。このB2Cマーケティング・プログラムのターゲットは、自力でシステムを構築できるハイテク通の消費者や、DIY（do it yourself）を楽しむ人々だ。

AMDエッジでは、PCのパフォーマンスや技術に関する最先端の知識を求めるユーザーに、ニーズに合わせた情報を提供している。ユーザーが得られるのは、AMD製品に関する情報にとどまらない。コンピュータへの理解を深め、効果的に活用するための一般的なヒントやニュース、PCを構成するパーツの情報、AMDの技術や最新の汎用技術に関心のあるユーザー向けのオンライン・フォーラムに関する情報を受け取れる。

このプログラムは、同社の製品に関する情報チャネルや追加リソースを提供することによって、顧客に対して高度な情報収集力を提供している。また同社は、オンライン・フォーラムを通じて自社製品の問題について知ることができる。ユーザー・コミュニティでは、ユーザー同士が問題の解決に向けて協力し合うため、同社に対する技術サポートのニーズは他のメーカーよりも低い。さらに、このプログラムはクチコミを通じて売上を促進することが期待されている。ハイテク通のユーザー以外にも、この種の「ＤＩＹ愛好家」が、ＡＭＤのコンピュータシステムの購入を他の顧客に勧めてくれるからだ。

「顧客との共同開発」という指標によるあなたの会社の評価は、顧客に求める情報とその活用方法にかかっている。あなたの会社が顧客の意見をまったく聞かないのであれば、ここでの評価は低くなる。顧客をセグメントに分け、顧客のタイプごとの好みを追跡すれば、中間レベルの評価を得られるだろう。だが、さらに顧客からの自由な提言を求め、それを積極的に新製品に取り入れれば、最高レベルの評価となる。

❻ 製品比較やアドバイス

カスタマー・パワーの強い世界では、プッシュ・プル型のマーケティングで顧客にそぐわない製品を販売すれば、売上よりも敵を生み出すことになる。その会社がどんなに優れた製品を作っているとしても、「自社の製品はどの顧客にとっても最高だ！」と考えるのは、傲慢でしかない。

競合他社の製品のほうがニーズに合っている顧客もいる。アドボカシー戦略を採用したい企業は、競合他社の製品を薦めるしかない場合には、そのことを進んで伝えなくてはならない。嘘や偽りが顧客に暴かれるリスクがあるなら、正直こそが最善の策だ。顧客は、製品・サービスの評価や比較情報をさまざまな情報源から入手できる。だからこそ企業は、顧客が何らかの方法で手に入れそうな情報を積極的に提供すべきである。

公平な比較にもとづく戦略を実践する企業は、**図3**で示される「製品比較やアドバイス」の指標において高く評価される。顧客（潜在顧客を含む）に対する率直な態度はブランド価値を高めることになる。結局は自社製品を買ってもらえないにしても、顧客にはせめて好意的な印象を持ってもらったほうがいいのである。

「製品比較やアドバイス」の評価は、顧客が製品選択する際に企業がどれだけサポートしているかを示すものだ。ここで最低の評価を得るのは、高い収益を得られる唯一の製品を、どの顧客にも強引に販売しようとする企業だ。顧客の意見を聞き、それを考慮しようとする企業（リレーションシップ戦略を用いる企業など）は、比較的高い評価を得ることになる。そして、必ずしも自社にとって最大の利益を得られなくても、顧客への公平な情報提供や優良製品の推薦を実施する企業が、最高の評価を得るのだ。

❼ サプライチェーン★1

企業の信頼度は、ビジネス・パートナーの信頼度によっても左右される。企業が顧客を本気で支援したいのであれば、ビジネス・パートナーをまず支援しなくてはならない。「サプライチェーン」の指標は、その企業がアドボカシーを主導して、どれほどチャネル・パートナーと連携しているかを評価するものだ。あなたのパートナーは、あなたの会社と顧客の信頼構築に協力してくれるだろうか？　それとも邪魔をするだろうか？

多くの業界では、製造業者がチャネル・パートナー（卸売業者、小売業者、付加価値再販業者などの関連企業）のネットワークに依存しながら、顧客との関係を築いている。アドボカシー戦略を導入する企業は、信頼を築き、強化するために、チャネル・パートナーと連携しなくてはならない。プッシュ・プル型のセールススタッフや、いかがわしい流通業者がいれば、せっかく手に入れた信頼にダメージを与えかねない。それは、サプライヤーにも当てはまる。

フォードの例を考えてみよう。二〇〇〇年に、純正部品に採用していたファイアストン製のタイヤに欠陥が見つかり、同社のエクスプローラーＳＵＶの売上は大幅に減少した。欠陥部品は企業の製品全体の質を損ねてしまう。たとえ、それがサプライヤーの過ちによる欠陥であっても、企業にはそのサプライヤーを選択した責任があるのだ。

アドボカシーの八つの構成要素には、一企業の枠内にとどまらないものが多い。たとえば、小売業者や卸売業者へのインセンティブも、顧客が製品に対して抱く印象に影響を与える。「量」に関連した単純なインセンティブでも、顧客の信頼度に影響を及ぼす。製品の発注パターンや

★1 Lewis, Jordan. *Trusted Partners: How Companies Build Mutual Trust and Win Together*. New York: Free Press, 2000. Lewis, Jordan. *Partnerships for Profit: Structuring and Managing Strategic Alliances*. New York: Free Press, 2002.

在庫レベルが安定しない場合には、在庫切れや過剰在庫が生じてしまう。在庫切れは、ロイヤルティを持つ可能性のある顧客を失望させ、他のブランド製品の購入に走らせるだろう。過剰在庫は、チャネル・パートナーによる強引な販売の原因となり、混乱したマーケティング・メッセージを顧客に伝えることにもなる。「透明性」の次元では、完全な情報開示に対するサプライヤーや販売業者のためらいが、透明性を目指す企業の妨げとなる。

特に重要なのは、顧客と直に接触するビジネス・パートナーだ。顧客との信頼関係が構築されるか破壊されるかは、卸・小売業者やサービス・パートナー、サプライヤーなどの質や透明性も強く影響するのである。

❽ アドボカシーの浸透

これまでの議論を振り返ると、顧客との信頼構築に関しては、マーケティング、宣伝、流通、営業部門に大半の責任がある。しかし現実には、アドボカシー戦略の導入には、組織のあらゆる部署を巻き込むほどの幅広い変化が必要だ。[★1] たとえば、技術、製造、R＆D部門も、顧客ニーズに合った信頼される製品を作り出すために重要である。価格設定では、その製品にとっての最高の価値や、顧客にとっての信頼の価値を反映することが望ましい。予算配分では、アドボカシー戦略の長期的な利益展望が必要である。

アドボカシーに関連した組織の変化として最大のものは、顧客に対する敬意を社内に浸透させることによって企業文化を変えることだろう。人材教育や雇用の方針が、顧客との信頼構築

★1 Harvard Business Review OnPoint Collection: *Building Trust in Your Company.* Harvard Business School Press, 2003.

を重視する企業の視点と一致していなければならない。一致していれば、全社レベルのアドボカシー戦略の枠組の中で、企業のどの部門も一体となって進むことができる。企業の社風は、何よりもアドボカシーを優先するものでなくてはならない。このような信頼創出の文化は、顧客にとどまらず、社員や株主からの信頼獲得にもつながる。

アドボカシー戦略の原則は、どのステークホルダーともクリーンで公平なコミュニケーションを展開することである。会計スキャンダルで被害を受けた投資家以外の人々に対しても、この種のスキャンダルは企業ブランドを大きく傷つける。社員が信頼していないような会社を、顧客が信頼するはずがない。CEOは、自社の取り組みの先頭に立ってインセンティブや組織構造を作り出し、企業文化を変革しなくてはならない。信頼度を総合的に高めるためには、すべての部門が一貫した方針の下に顧客との信頼構築活動に関与することが必要だ。

あなたの会社における「アドボカシーの浸透度」を評価することは、こう質問することに等しい。

「あなたは、顧客があなたの会社にやって来て社内を自由に歩き回り、顧客への対応を自分の目で確かめ、製品の製造方法や設計プロセスを観察し、CEOに質問しても、平気だろうか」

どの社員も平然としていられるのなら、あなたの会社の「アドボカシーの浸透度」は高いはずだ。

業界の信頼評価

図4では、アメリカの旅行サービス、信用組合、自動車、航空業、携帯電話業界を対象に、サービス業者の総合的な信頼度を例示した。信頼度が高いのは、旅行サービス会社（オービッツ、トラベロシティ、エクスペディアなど）や信用組合であり、低いのは、航空会社（アメリカン、ユナイテッド、ノースウエスト航空など）や携帯電話会社（ベライゾン、スプリント、ネクステルなど）である。自動車業界の信頼度は、全体の中間に位置する。

図5では、これらの業界の信頼度を八つの指標で評価している。プッシュ・プル戦略をとる企業の典型例である携帯電話会社は、ほとんどすべての要素について低い評価を受けている。また、航空会社に対する評価も概して低い。原因は、サービスの質やイノベーションのレベルの低さ、プッシュ・プル型の運賃構造にある。しかし、サウスウエストやジェットブルーなどの特定の航空会社は、**図5**に示された業界の平均値よりも高く評価される。これらの会社は、約束通りのサービスを顧客に絶えず提供し、信頼を獲得している。

一方、アメリカの旅行サービス会社は高く評価されている。次のような活動を通じて、消費者を助けているからだ。

図4　5つの業界に対する総合的な信頼度

信頼の欠如 懐疑心 不信感 裏切り						高い信頼 信用 確信 忠誠
	W	L	A	C	T	

W＝携帯電話　L＝航空会社　A＝自動車　C＝信用組合　T＝旅行サービス

図5　5つの業界における8つの要素の評価

❶透明性 企業はゆがめられた情報を提供したり、情報を隠したりする	W	L	A	C	T	企業は完全で偏りのない情報を提供する
❷製品・サービスの質 企業は、顧客に対する約束を果たせないほど質の低い製品やサービスを提供する	L	W	C	A	T	企業は、最高級の製品やサービスを提供することで、顧客の期待を満たす
❸インセンティブ 企業は顧客の利益ではなく、自社のためのインセンティブを持つ	W	L	A	T	C	企業は、社員の信頼や顧客のニーズを満たすためのインセンティブを持つ
❹顧客とのパートナーシップ 企業は顧客の問題解決に手を貸さない	W	L	A	C	T	企業は顧客への支援を通じて、顧客が自分で問題を解決できるようにする
❺顧客との共同開発 顧客は企業の作った「商品」を買う	W	L	A	C	T	顧客は個々に、あるいはコミュニティを通じて製品開発に協力する
❻製品比較やアドバイス 企業は製品を比較しないか、一方的に比較する。また、アドバイスを行わない	W	L	C	A	T	企業は競合製品を正直に比較し、顧客を巻き込んだコミュニティを形成する
❼サプライチェーン 流通チャネルが信頼形成の妨げとなる	W	L	TA	C		あらゆるサプライチェーンのパートナーが信頼形成に向けて機能する
❽アドボカシーの浸透 マーケティング部門がサービスや製品を押し付ける	W	L A	C	T	A	あらゆる部門が信頼形成のために機能する

W＝携帯電話　L＝航空会社　A＝自動車　C＝信用組合　T＝旅行サービス

●完全な情報を提供する。
●顧客の要求に応じて、最低運賃を知らせるサービスを提供する。
●最適なチケットを見つける手がかりを提供する。運賃が下がった場合には、チケットを再発行する。
●顧客の役に立ちそうな知識を提供する（たとえば、いくつかの空港を経由することで、顧客がどれくらい料金を節約できるかを説明する）。
●顧客が製品の改善に関与する。
●ほとんどすべての製品を顧客に比較させる。
●顧客が最高のチケットや旅行プランを購入できるように支援することを経営方針の中心に掲げる。

信用組合も非常に高い評価を得ている。顧客の立場に身を置き、「顧客のパートナー」として活動しているからだ。もっとも、ベルコ以外のアメリカの信用組合は、競合他社の利率を明らかにしない場合が多く、透明性や製品比較に関して低く評価されている。それらは新たな金融商品の開発に積極的でない場合が多いのだ。今後、ベルコと同じ方向へ進めば評価は改善するだろう。

図5の中間に位置しているアメリカの自動車業界も、徐々に改善を進めている。製品比較では、第三者による比較サイト（エドムンド・コムなど）によって高い評価を得ているほか、ＴＱＭ活動

を続けることで、製品やサービスの質に関しても評価を高めている。

あなたの会社の信頼評価

図2～3では、あなたの会社の信頼度を図式化する分析ツールを示した。ここからは、いよいよあなたの会社を評価する。

まず、市場調査や経営幹部の意見をもとに、総合的な信頼度で見た自社の位置を判断しなければならない。その次に、アドボカシー戦略を支える八つの要素に関して、あなたの会社の位置を評価する。各要素に対応した以下の質問に答えることで、あなたは自社の評価を行うことができる。

❶ 透明性

あなたの会社は顧客に対して、どれほど正直に情報を公開しているか

この指標では、企業の情報公開の程度と公正さを評価する。アメリカの自動車業界で最も優れた例は、ケリー・ブルーブックとエドムンドだ。両社は、新車、中古車に関する正確で完全な情報ばかりか、顧客がそれらのデータを見るためのさまざまな方法も提供している。また「透明性」という要素を活用して、顧客との信頼関係を構築している。

❷ 製品・サービスの質

あなたの会社は、自社製品を心から顧客に推薦できるか

質の高い製品やサービスを提供していない企業は、顧客に対して誠意を持って自社の製品やサービスを薦めることはできない。だからこそ企業は、自社の製品やサービスの質を評価しなくてはならない。この点で、ＧＥは最高の成果をあげている。同社のシックス・シグマのプログラムは、一貫して優れた品質を示している。トヨタも同様に、ＴＱＭの多くを革新することで長期にわたって最高の品質評価を獲得し続けている。

❸ インセンティブ

あなたの会社の社員には、「顧客を本気で支援する」というインセンティブがあるか

顧客は売り手のインセンティブに敏感だ。売り手の企業が顧客との長期的に互いに実りのあ

る関係を真剣に構築していると確信しない限り、完全な信頼を抱くことはない。固定給制の営業スタッフは、アドボカシー戦略を一貫して遂行する傾向にある。よい例がイーベイだ。入札者も応札者も、正直な評価によって利益を得ている。偏った評価を提供しようとすれば、入札者からのインプットによってすべてが明らかになる。このようなインセンティブは、信頼できない入札者や応札者を排除する仲裁手続きや能力によってさらに強化されている。

❹ 顧客とのパートナーシップ

あなたの会社は、顧客との間に協調的な互恵関係を結んでいるか

顧客自身の行動を支援することが、信頼構築のための優れたアプローチである。このアプローチは、前述したGEやP&Gの例に限らない。

テキサス州オースティンのユニバーシティ・フェデラル信用組合が運営中の「信頼されるアドバイザー」プログラムを紹介しよう。このサイトは、大学の教養課程の講座のように、自動車の購買に関する基礎コースを提供している。コースの目的は、オンラインでの情報提供と実演のセミナーの組み合わせによって、信用組合加入者に対し、より賢い自動車の購入を促す点にある。利用者は、自動車の買い方や資金調達などに関する豊富な知識とともに、消費者につけこむディーラーの悪徳商法についても学ぶことができる（**図6**、次頁）。自動車ローンの勧誘と

図6 信頼されるアドバイザー ——「自動車購入の基礎」

は関係なく、純粋に有益な情報や知識をこのコースで提供することによって、同信用組合は組合員の信頼を獲得している。

この信頼は、次にあげる二つの「約束」によって裏付けられている。信用組合が「圧力やごまかしのないオアシス」であることと、他の金融機関がもっと安い金利で融資を行う場合にはその金融機関を推薦することだ。

また同組合は、新しい組合員について登録データをもとに自動車ローンの融資履歴を調べ、その組合員がディーラーから融資を受けている場合には、信用組合のローンへの借り換えを薦める控えめな手紙を送っている。通常よりも高すぎる融資手数料をディーラーに払っている組合員が、この提案によって返済額を節約できる場合も多い。信用組合からの手紙は、まさに「顧客の利益を代表している」のである。そしてもちろん、信用組合の利益を増やすことも可能だ。新たな収入源を創出し、信用組合をこれまで以上に信頼している新規顧客も獲得できるからだ。

❺ 顧客との共同開発

あなたの会社は、顧客との協力を通じて、自社と顧客の双方に利益をもたらす新しい製品やサービスを生み出しているか

顧客に知性や責任能力があることを理解する企業は、情報収集や製品の企画に関して顧客の

意見を尊重できるようになる。その最も優れた例はスリーエムだ。同社では、リード・ユーザーを活用したイノベーション手法を用いて、新製品のヒット率や市場での影響力を大いに高めた。リード・ユーザーの発想を支援することによって、一億四六〇〇万ドルもの売上を達成したのだ。これは「伝統的な方法」を用いて行われたプロジェクトの八倍以上に相当する。★1

❻ 製品比較やアドバイス

あなたの会社は、顧客の製品選択に役立つような公平なアドバイスを提供しているか

カスタマー・パワーの強い世界では、顧客にふさわしくない製品の押し売りを試みても、収入を上げるどころか敵を作るだけだ。企業が顧客の信頼を得たければ、競合他社の製品のほうが優れている場合には、見込み客に正直にそのことを伝えなくてはならない。

耐久消費財業界では、イーピニオンズやディールタイム、ＣＮＥＴなどのサイトによって、この手法が非常にうまく実施されている。

❼ サプライチェーン

あなたの会社のビジネス・パートナーも、あなたの会社と同じくらい信頼に値するか

★1 Lilien, Gary L. et al. "Performance Assessment of the Lead User Idea-Generation Process for New Product Development." *Management Science*, vol.48, No.8 (August 2002): pp.1042-1059.

自社と同様にビジネス・パートナーも、顧客から信頼される存在でなければならない。製造業のようにチャネル・パートナー（卸売・小売などの業者）のネットワークに依存している業界は多く、そこでの連携の質が評価を左右する。デルは、供給、製造、サービスチェーンで、同社の最高水準の品質を維持するパートナー企業とともに、うまく連携を保っている。

❽アドボカシーの浸透

あなたの会社のあらゆるレベルや部署で、アドボカシーや信頼が生み出されているか

顧客との信頼構築に責任を負うのは、マーケティング、宣伝、流通、営業部門だが、実効性のあるアドボカシー戦略を作り出すには、組織横断的な取り組みが欠かせない。アマゾンやイーベイは、その優れた例としてあげられる。他の例としては、レッグ・メイソンがある。同社は「ただ一つの製品を売り出している世界的な金融サービス会社」と自称している。その製品とは「アドバイス」だ。「誠実、アドバイス、パフォーマンス、サービス、信頼できる約束によって、お客様の利益を優先すること」[★2]を掲げる同社は、「アドバイス」そのものを商品にしている。その結果として、同社と顧客の互恵関係を構築しており、二〇〇四年には投資家満足度大賞（Investor Satisfaction Award）を受賞した。

★2　www.leggmason.com/about/

あなたの会社でも、各要素の評価結果を調べることによって、自社の総合的な信頼度が高い、あるいは低い理由を知ることが可能だ。その後は、顧客に対する自社の立場を改善するために、これらの評価を変える手段を検討しなくてはならない。あなたの会社は脅威に直面しているのか。それとも競合他社に打ち勝つチャンスがあるのか。そのことを判断するには、同じ指標で競合他社を評価してみるのも有益である。さらに理解を深めるために、別の顧客グループの評価を知ることも有意義だ。たとえば、クレジットカードの企業であれば、エンド・ユーザーからの評価は、ほとんどの指標で低い評価になるだろうが、カードが使用される小売業者からの評価は、かなり右寄りの位置になるはずだ。

本章では、信頼の構成要素を明らかにし、各要素についての自社の評価の方法を紹介した。次章では、従来のマーケティング戦略からアドボカシー戦略へと移行するプロセスについて説明しよう。

chapter 6 導入の条件

前章の指標によって自社を評価したら、次に必要なのは、総合的な信頼度と八つの各要素の信頼度について自社の現在の位置とこれから向かうべき所を見定め、適した戦略をとることだ。

リレーションシップ戦略を実践し、既にある程度の信頼を得ている企業は、アドボカシー戦略の完全な導入に向かうべきである。一方、プッシュ・プル戦略をとっている場合は、最終的にはアドボカシー戦略へ移行することを意図しながら、まずリレーションシップ戦略へ移ることを検討するべきかもしれない。

いずれにしても、前章の**図3**（一二五頁）で示した信頼の各要素に関して、自社の位置を徐々に右側へシフトしていくことが必要である。現在の自社のプロファイルを明確にし、今後の課題を見極めよう。たとえば「透明性」に関する評価が低い場合には、顧客に対して公平に情報を公開する体制づくりが急務となる。「製品・サービスの品質」に関する評価が低い場合には、ＴＱＭプログラムの導入が検討課題となるだろう。

重要なことは、個々の企業の状態によって各要素に関する取り組みの優先順位は異なるし、変革のスピードや程度も異なるということだ。本章では、いくつかの実践例を見ながら、自社の状況に即してアドボカシー戦略を導入していくプロセスについて説明する。

あなたの会社にふさわしいか？

前章の**図2**（一二三頁）、**図3**（一二五頁）の指標で自社を評価したなら、自社の位置について考えなければならない。今の位置は、あなたの会社にとって居心地がよいか。あなたの会社には、アドボカシー戦略を導入し、現在よりも天秤の右側へ動くだけの意欲があるか。それとも、あなたの会社の業界では、従来どおりのプッシュ・プル戦略でも生き残りが可能か。つまり、アドボカシー戦略が、あなたの会社にふさわしいかどうかを考えなければならない。

アドボカシーの実践による最高レベルの信頼構築によって、最も大きなメリットを受けるのは、次のような特徴を持つ業界の企業である。

❶製品が複雑
❷製品に対する顧客の関与が深い
❸顧客が間違った製品を選んだ場合の損害リスクが高い
❹入手可能な製品の種類が多い
❺情報量が多い

これらの特徴を持つ製品を提供している業界の例は、自動車、健康・医療、金融サービス、ハイテク、旅行サービス、家電などである。これらの業界の企業は、リレーションシップ戦略からアドボカシー戦略へ移行しつつある。

アドボカシーは万人向けではない?

一方で、信頼の形成を妨げるような競合状態、経営条件、顧客の特徴に直面している業界もある。アドボカシー戦略は万人向けではないとも言える。しかし、どのような場合にも変化は起こりえる。信頼構築を妨げている状況が変化する可能性は十分にあるのだ。

コモディティ化した産業

激しい価格競争に苦しんでいる業界では、アドボカシー戦略によって利益を得るのは難しい。価格競争に適しているのは、信頼できるメーカーよりも、効率の良いメーカーだからだ。日用品(コモディティ)は競合製品で代替可能であるため、顧客と良好な関係を発展させたところで、企業にとっては何の得にもならない。

それでも、商品の差別化や付随的なサービスを通して、アドボカシー型のマーケティングが可能になるかもしれない。特に、その製品が顧客にとって重要性の高い物資であれば、サービスが重要になりうる。

独占企業

競争相手がまったくいない企業では、信頼について頭を悩ませる必要はない。カスタマー・パワーは、競争がないところでは非常に弱いか、存在しないように見える。

しかし、顧客が製品を購入できる手段が一つしかないときですら、信頼によって売上実績を好転させることは可能だ。注目すべきは、プッシュ・プル戦略とアドボカシー戦略の違いが顧客の購買量に及ぼす影響である。プッシュ・プル型のマーケティングが独占企業に対する反感を生んでいるとしたら、アドボカシー戦略を用いることで売上を増やせるだろう。顧客は信頼できない独占企業から商品を買うくらいなら何も買わないほうを選ぶかもしれないのだ。また、政府による規制に先手を打つ意味でもアドボカシー戦略は有効になりうる。

品質を制御できない企業

製品やサービスの質がどうにもならないほど低下している企業は、アドボカシー戦略を導入できない。航空会社が天候による飛行機の遅延を避けられないように、企業がサービスの質をコントロールできない場合には、信頼に足る存在として認められるのは非常に難しい。なかには自社情報の公開によって優れたサービスを提供しようと尽力している企業もあるだろう。しかし現実には、どうにもならないほどレベルの低いサービスは、信頼を破壊してしまうのである。

需要を制御できない市場

リアルタイムの需要予測が不可能で、その変動に対応できない市場でも、アドボカシー戦略の導入は困難である。企業は定期的な過剰在庫や在庫不足に見舞われる。余っている製品と足りない製品があるなら、足りない製品を顧客に推薦するより、余っている製品を強引に販売しようとするだろう。また、在庫不足では顧客ロイヤルティの形成は見込めない。

この場合に重要なのは、顧客との関係を改善し、顧客の好みをタイムリーに察知できる体制を作ることだ。需要予測の精度を上げられれば、在庫レベルは適正になり、顧客対応にも余裕ができ、好循環を生み出せる。

短期収益に集中する企業

アドボカシー戦略は、マーケティングの「王道」だが、信頼に値する製品やサービスを作り出すには、それなりの資源が必要である。また、顧客が企業に対する評価を変えるには、それなりの時間がかかる。厳しい財政状態にある企業や、短期間で成果をあげなくてはならない企業には、アドボカシー戦略を採用する余裕はない。

しかし、このままカスタマー・パワーが増え続け、競合他社が顧客の信頼を獲得すれば話は別だ。短期収益を追求するプッシュ・プル戦略を続けていては失敗を重ねるだけだろう。

リピート購買のない製品

もし顧客が長期にわたって繰り返し製品を購入しないなら、信頼の有無にあまり意味はない。リレーションシップ戦略の基本は、顧客ロイヤルティを生み出すために、個々の顧客と長期的なつながりを持つことにある。顧客が深く考えずに一度だけ購入するような製品であれば、信頼が企業のパフォーマンスを改善することはない。

だがカスタマー・パワーによってこの状況も変化しうる。見込み客が、格付けサービスや購買経験のある他の顧客と定期的に接する場合には、たとえ購買経験のある顧客が二度と戻ってこないとしても、企業は見込み客に信頼されるような行動を取らなくてはならない。

インパクトの低い製品

信頼獲得の意義は、顧客に対する製品やサービスのインパクトの程度によって左右される。商品の欠陥が顧客に与える影響が少なく、しかもこの顧客がその企業を信頼しているなら、顧客は商品の欠陥にはさほど注意を払わないだろう。たとえば、ペーパータオルに印刷されている図柄が歪んでいても、サプライヤーに対する顧客の評価は変わらない。しかし、耐久消費財や生活必需品、健康関連製品などの場合には、ほんのささいな欠陥でも顧客への影響は大きい。また顧客に対するインパクトは、経済的な価値だけで測る必要はない。たとえば花束は、贈られる人にとっては非常に強いインパクトを与える商品になりうる。

要するに、アドボカシー戦略が受け入れられにくい業界は、次の条件を備えている。

❶顧客が製品に注意を払わない（コモディティ、リピート購買の少なさ、インパクトの低い製品）

❷顧客が製品に注意を払えない（単一の供給源、独占的な市場）
❸企業が信頼される製品を提供できない（品質や需要量の制御の難しさ、短期的利益の要求圧力）

しかし、このような業界でもアドボカシー戦略を検討する余地はある。今後さらにカスタマー・パワーが高まる可能性や、マーケティング機会の増加を考えると、すべての企業がアドボカシー戦略を検討するべきである。

あなたの会社次第

天秤がプッシュ・プルの方向へ傾いている企業でさえ、その傾きを大きく右側へ変えることを検討しなければならない。

アメリカの航空業界が資金獲得のための生き残りを賭けた短期的プレッシャーに喘いでいた頃は、長期的な顧客ロイヤルティよりも短期の儲けを重視した航空会社が多かった。サービスを切り詰める一方で、表に出ない手数料を上げたり細則を追加したりしたのだ。その結果、これらの会社は、前章の**図2**（一二三頁）、**図3**（一二五頁）で左端に位置することになった。

価格に敏感な乗客、厳しい価格競争、サービスの質の問題を考えると、アドボカシー戦略がアメリカの航空会社にとって最高の戦略とは考えにくい。当時、航空会社がこの戦略を採用しなかったのも無理はない。残念なことに、価格低下、質の悪いサービス、信頼の低下、需要減少の悪循環から抜け出せなかったのだ。その結果、倒産に追い込まれたところもある。

しかし、既に述べたように、サウスウエスト航空やジェットブルーは他社と異なる戦略を試みた。余計な乗客サービスを一切提供しない代わりに、約束を守り、顧客ロイヤルティを重視したのだ。両社は顧客から信頼を得ただけでなく、9・11同時多発テロ事件のあとの長引く航空不況の間も、収益を上げ続けた。この事実が裏付けているのは、アドボカシー型のマーケティングを妨げる要因が市場や顧客の側にある場合にも、賢明な企業はアドボカシー戦略の導入を試みるということだ。

アメリカの海外ビジネス旅行市場では、ビジネスクラスに最高のシートが作られた。このシートの乗客は、フル・リクライニングの状態で眠ることができ、インターネットに接続することも可能だ。プライバシーも確保されている。この市場セグメントでは、信頼や最高級のサービスが評価され、高い運賃が正当化されている。

だが興味深いことに、サービスレベルを向上させている国際線に対して、国内線のビジネスクラスでは、運賃が下がっていないにもかかわらず、機内の快適さ、質、サービスのどれもが悪化している。座席が狭く、出される食事は以前よりまずくなった。おまけに、客室乗務員は過重労働で疲れ果てている。これがアメリカの航空会社の選択である。市場のセグメントごとに待遇に差を付け、あるセグメントの顧客には特別なサービスを提供しながら、別のセグメントの顧客には低い価値のサービスを高い値段で販売することで、経営の安定を図っているのだ。

また、通信会社の多くも「顧客は価格のトリックを見抜くほどには賢くないので、とにかく一番安い商品だけを買いたがる」という前提の下、プッシュ・プル型のマーケティングを続けている。だが、ベビーベル・USウエストを買収したクウェストは、アドボカシー型のマーケティングへ大きく舵を切っている。リチャード・C・ノートバートCEO（当時）は、社員の信頼と誇りを取り戻すため「サービス時代」と名づけたキャンペーンを実施した。背景には、「社員の信頼がなければ、企業は顧客との信頼関係を築けない」という考え方があった。現在のクウェストは、リレーションシップ戦略とあらゆる部門を巻き込んだ戦術を結びつけることで、同社が掲げる「無条件の信頼」に向かって進もうとしている。

市場の状況によっては、アドボカシー戦略を選択することが不適切に見える場合もあるかもしれない。経営者は状況を見極めて、自社にこの戦略を導入することの妥当性を判断しなくてはならない。だがほとんどの場合、革新的な経営者はアドボカシー戦略こそが長期的な利益を最大にする方法だと考えるだろう。

「わが社はアドボカシーを採用しなくても、競争優位を獲得する手段を既に備えている」
「イノベーションや効率性、独占などによって市場でのリーダーシップを獲得していれば、アドボカシーに取り組む必要はない」

成功を収めた企業は、このように主張するかもしれない。しかし、どのような競争優位も一時的なものであることは歴史が証明している。新規参入者、新しい技術、政府の新しい規制、顧客の新しいニーズ。いずれの要素も、長期的な競争優位を維持する上で障害になる。したがって、既に競争優位を保っている優れた企業でも、その一時的な優位性を活用して顧客の信頼をさらに大きくすることが求められる。その地位を危うくしかねないほどの強さを持つ力が、ますます増大しているからだ。

アドボカシー戦略へ移行する

現状では、ほとんどの企業が、前章の**図2**（一二三頁）、**図3**（一二五頁）に示されたアメリカの自動車業界と似たような位置にいるに違いない。あなたの会社の製品・サービスが次のような状況にあれば、顧客との信頼関係を改善し、重心をアドボカシー戦略へ移すべきである。

❶顧客に対する教育を要するような複雑な製品を販売している場合

❷顧客が誤った選択をするようなリスクが自社製品にある場合（コンピュータのような高価な製品や、医療のように身体的リスクがある場合など）

❸あなたの会社の製品・サービスが、顧客の個性を尊重する場合（行楽地の選択など）

また、顧客の信頼を増すためのプログラムは、次の要素を含んでいる必要がある。

❶製品の品質を改善する。
❷顧客サービスを強化する。
❸アドバイスや知識を提供する透明性の高いウェブサイトを構築する。
❹顧客ニーズを尊重する社員のために、報酬面でインセンティブを作り出す。
❺プログラムを管理する目的で、長期的な財務評価や顧客視点に立った評価基準を開発する（長期売上、利益、信頼度とロイヤルティの改善など）。
❻顧客とともに製品を開発する。
❼顧客があなたの会社と他社の製品を簡単に比較できるような手段を提供する。
❽あなたの会社のＣＲＭを、プロモーション志向のコミュニケーションから、信頼構築型へ移行させる。つまり、自社製品を値引きするだけの戦略よりも、有益な情報や知識の提供を重視する戦略へ移行する。
❾あなたの会社や製品に関わるコミュニティを構築する。

ここで、顧客との信頼関係を築いている企業のプログラムを詳しく見てみよう。

インテル

インテルは、顧客サポート・サイト（インテル・コム）のプログラムを通して、信頼関係を構築しようとしている。このサイトには毎月三〇〇万件以上のアクセスがある。サイトで特に目立つのは、ソフトウエアのダウンロード機能を備えていることだ。同社は、オンラインでのダウンロード件数を増やすことで、個々の顧客のダウンロードを助けるコールセンターやチャネルのコストを節約したかった。

インテルが最初に導入したのは、PCカメラ用ソフトウエアのダウンロード・サイトだ。「ローザ」と呼ばれるパーソナル・アドバイザーが導入されたこのサイトは、顧客が自分のPCカメラのモデルを特定し、そのモデルに最も適したソフトウエアのダウンロードを行うのを助け、顧客の質問にも答える。インテル・コムでは、このアドバイザーによって、ダウンロードの成功率を導入前から一九%上昇させ、何百万ドルものコストの節約に成功した。

現在では、どのダウンロード・サイトにもパーソナル・アドバイザーの概念を適用し、顧客が同社の製品をうまく特定できるようにしている。このようなインターネット戦略の強化によって、アドボカシー型への移行が促進される（**図1**）。

ファーストテック信用組合

ファーストテックは、マイクロソフトやインテルなどのアメリカ

図1　インテルのダウンロード・アドバイザー「ローザ」

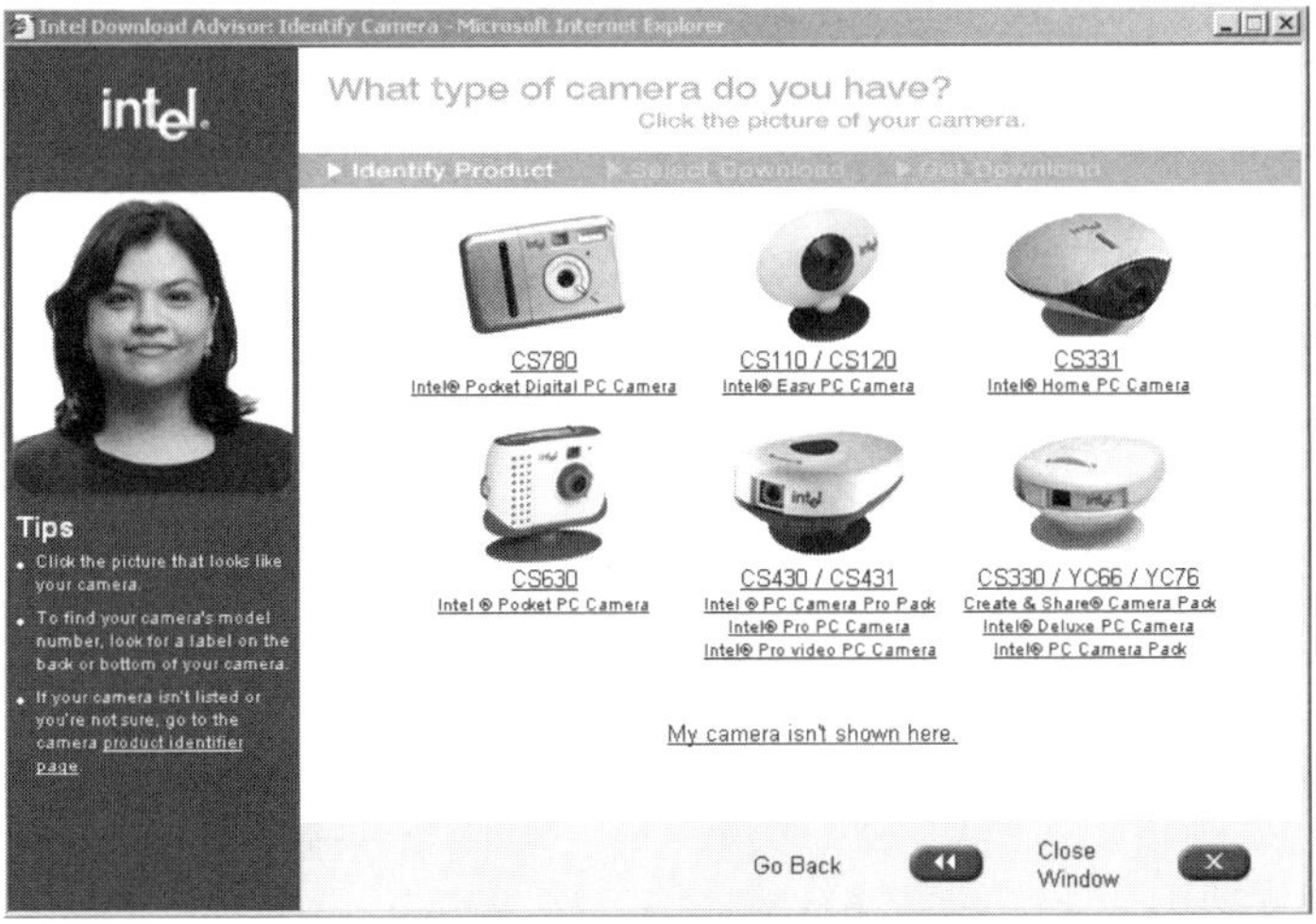

北西部の企業へのサービス提供に成功している。この信用組合は非常に優れたポジションを既に確保していたが、顧客企業との取引を増やすために、信頼関係を一層強めようと考えた。

同社が「インターネット・アドバイザー」として最初に取り組んだのが、各種ツールの拡充だった。そこには、コールセンターの社員教育ツールや融資担当者向けの組織横断型アドバイスツールに加えて、財産管理について顧客を支援するためのパッケージ・ツールも含まれる。結果としてファーストテックの顧客満足度は上昇し、住宅ローンやＩＲＡ（個人退職年金）の成約数、融資担当者の成約率も向上している。特に住宅ローンでは、アメリカ北西部での活動指標に比べて成約数が六〇％増加し、また利益も、年間平均で七十五万ドル以上増えた（**図2**）。ファーストテックのトム・サージェントＣＥＯ（当時）は、こう述べている。

「当社で実施する住宅ローン関連のアドバイスは、一カ月で九〇〇件になります。このアドバイスを受けたお客様のうち、実際にローンを申し込まれた方の割合は、五四％を超えています。これは本当に嬉しいことです」

ＧＭ

ＧＭはマーケティング戦略を完全にアドボカシー型へ移行させている。既に触れた「オート・チョイス・アドバイザー」（**図3**、一六七頁）と呼ばれる画期的なアドバイザー・サイトは、あらゆる自動車を公平に比較する。二〇〇三年と二〇〇四年には、七十万人以上の消費者がこのサイトを訪れた。ＧＭは、ここから製品開発へのフィードバックを得られるようなプログラム

図2　ファーストテック信用組合の住宅ローンアドバイザー

アドバイザーからの質問

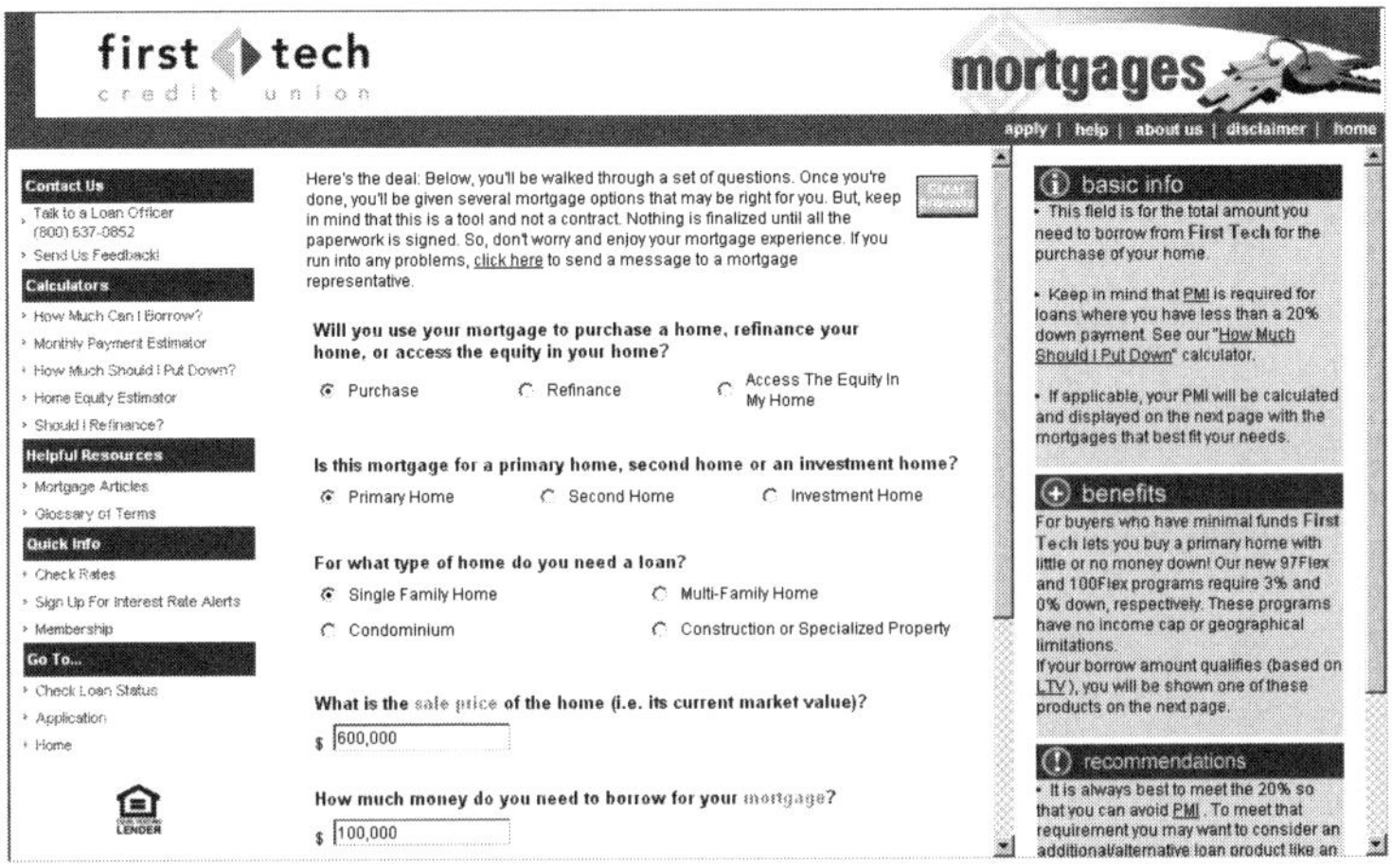

アドバイザーからの提案

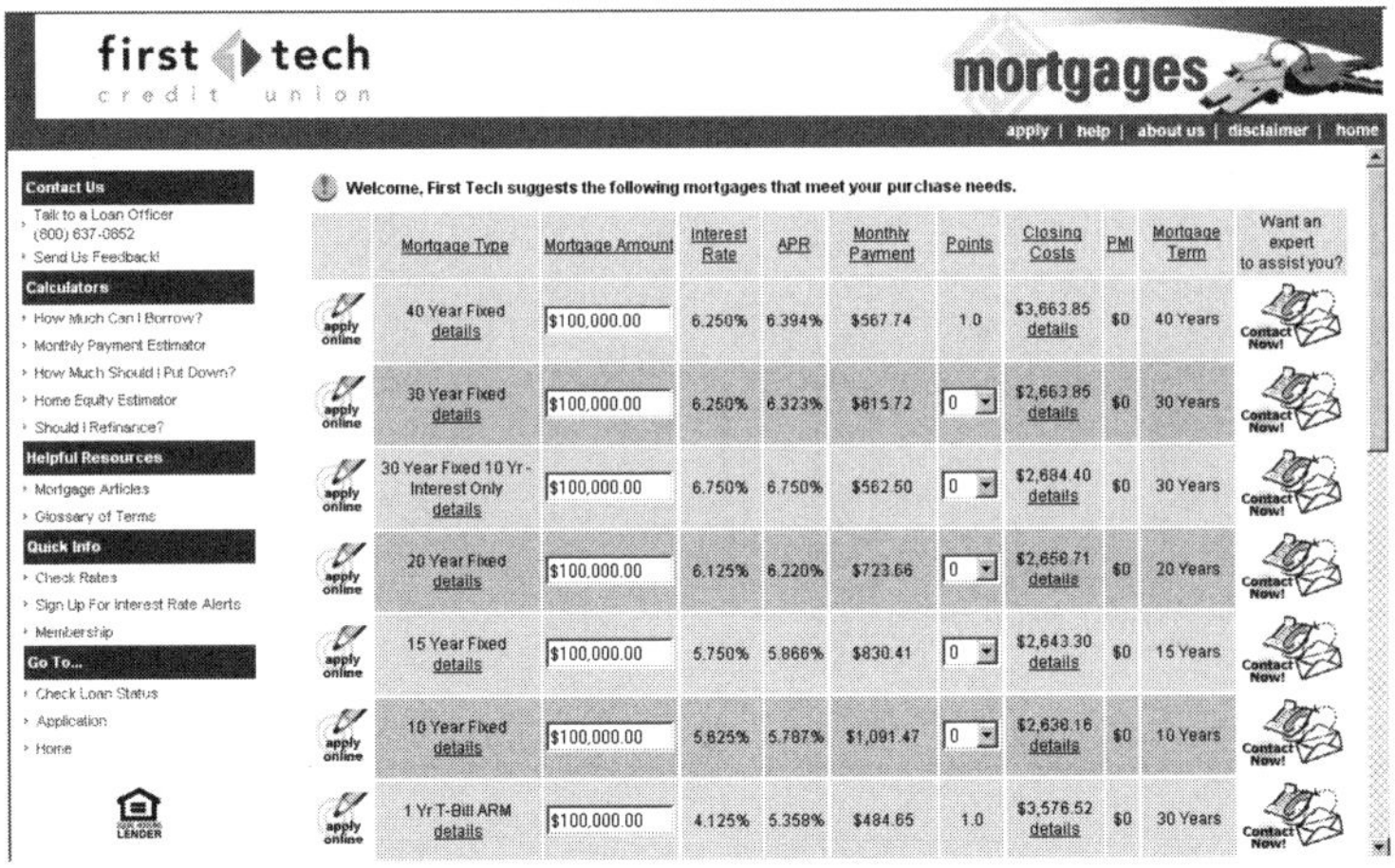

を拡充している。

現在のオート・チョイス・アドバイザーには、「ビデオ・オートショー」と呼ばれる運転比較プログラムが加わっている。二〇〇三年には二十万人以上の消費者が、このプログラムを通じてGMや他のメーカーの車を「試運転」した。またディーラーもGM車用の試乗プログラムとして活用している。GMはほかにも、「マイGMリンク」を通じた顧客ロイヤルティの強化や、ONSTAR自動車サービスとの統合などに取り組んでいる。最近では、活発なオンライン・コミュニティを通じて、顧客とともに新しい水素燃料電池自動車の設計を行っている。

これらのプログラムによって、前章の**図2**（一二三頁）、**図3**（一二五頁）におけるGMの位置は右側へ移っている。また同社製の車が購入対象として真剣に検討される割合も増している。

企業にとって必要なのは、自社の長所と弱点を調べ、カスタマー・パワーの増大によって生じる機会と脅威を検討することである。カスタマー・パワーが増すにつれて、自社の位置をアドボカシー型へ移す企業も増えるに違いない。

プッシュ・プル型への圧力

アドボカシー型への移行を望んでいても、市場の環境が企業をプッシュ・プル型へ追いやる場合もある。過剰供給のなかで価格競争が起これば、企業は価格引き下げの坂を転げ落ち、生き残るためにサービスレベルを落とす。

この状況から脱する方法があるだろうか。難しいが、方法がないわけではない。その一つは、

図3　GMのオート・チョイス・アドバイザー

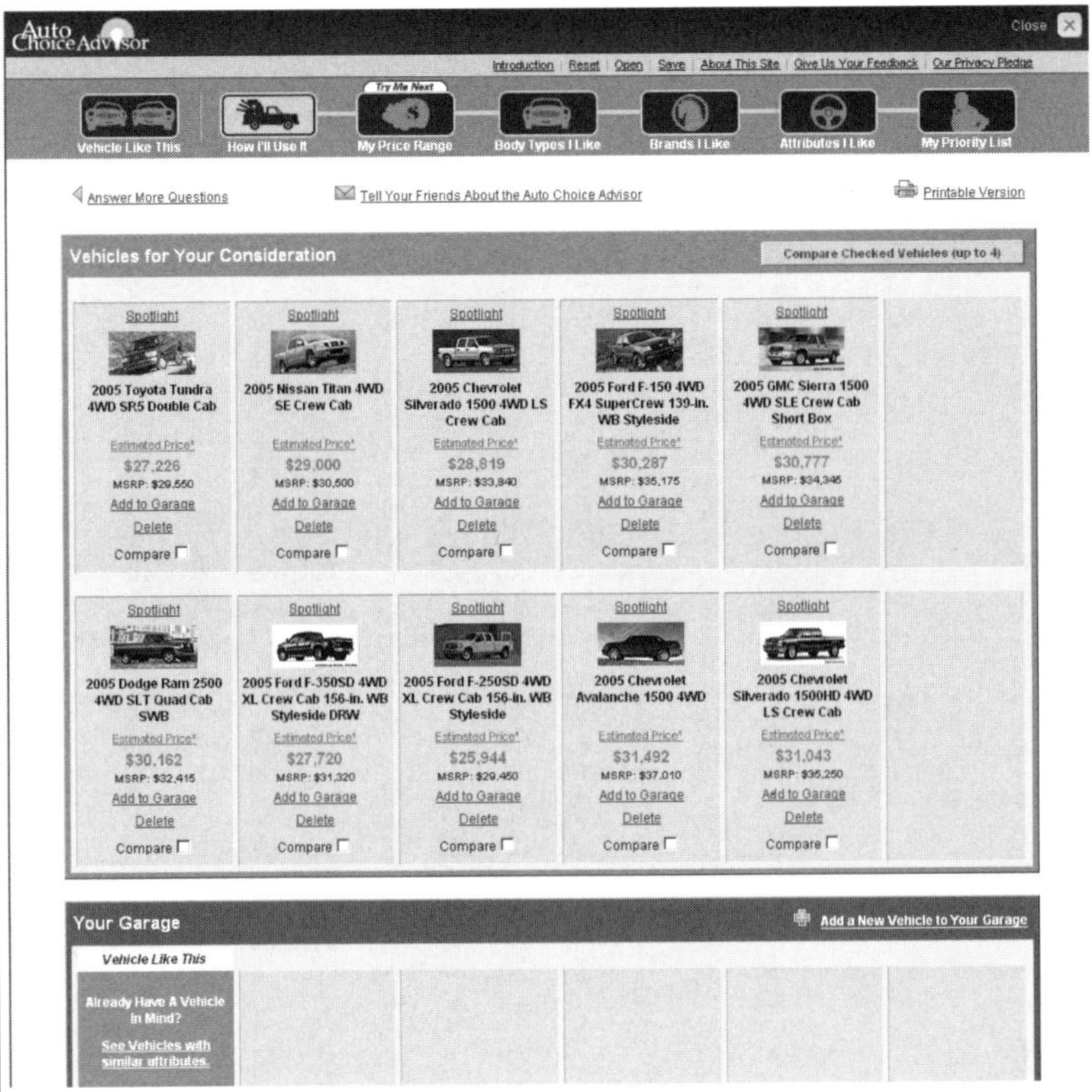

安い運賃と引き換えに、過剰なサービスの提供をやめることだ。サウスウエスト航空やジェットブルーのように、乗客に約束しただけのサービスを積極的に提供するのだ。もう一つの方法は、ミッドウエスト・エクスプレス航空のように、特別運賃によるプレミアム・サービスによって差を付けることである。同社は、どの乗客にもファーストクラスと同じ大きさの座席を提供し、さらに、愛想の良い乗務員を接客にあてたり、機内で焼いたチョコレートチップクッキーを無料で配ったりしている。しかも、これらのサービスは、競合他社よりもほんの少し高いだけの料金で提供されている。同社がロイヤルティの高い顧客を集めているのも当然だ。

価格競争によりプッシュ・プル型への圧力が高まっている家具業界にも、ジョーダン家具のような例外もある。ニューイングランド州で急成長中の同社は、店舗一平方メートルあたりで業界最高の売上を達成している。大規模店では、品揃えの豊富さに加えて、すぐに配達できる在庫を十分に用意している。また、ライブモーションやオムニマックスシアターなどの娯楽施設を併設しているほか、質の高い製品をさまざまな価格帯で他社よりも安く提供している。

しかし、同社のラジオCMによれば、自社の成功の要因はほかにあるという。

「当社の成長の理由はたった一つ。お客様からの信頼です[★1]」

同社は、顧客に真実を伝え、敬意を持って接している。そのおかげで、破壊的な価格競争に巻き込まれることもなく、同業他社との違いと、顧客から信頼されるポジションを獲得した。

★1　2004年12月にボストンのラジオ局（FM98.5）で放送されたCM。

段階的に移行する

一般には、カスタマー・パワーが高まれば、企業は天秤の右側へ追いやられる。だが革新的な企業は、先発企業としての優位性を獲得し、長期的な市場ポジションを最大化するために、自らアドボカシー型のポジションへ動く。

クウェストの戦略は、中間段階のリレーションシップ型を飛ばして、プッシュ・プル型からアドボカシー型へと直行しようとしている点で画期的だ。しかし、アドボカシー型への移行の成果を長期的な視点から判断するのは難しいため、実際には、段階的な戦略の採用が適切である場合が多い。進行中のGMの戦略がアドボカシー型へ移行するまでには、さらに十年の年月がかかるだろう。しかし、その途中途中でコストや便益を見直し、各段階での成果を市場調査によって評価することは可能だ。

信用組合のベルコは、段階的にアドボカシーに移行する戦略を採用している。同社ではまず、天秤の右側へ動くために、信頼性の高い利率チャートを公開した。次に、アドバイザーを加え、最後に競合他社との利率の比較情報を提供した（**図4**、次頁）。この結果として、同社に対するローンの申込件数は、以前よりも大幅に増えている。ベルコのドウ・フェラーロCEOによれば、「顧客の信頼を得たアドバイザーを通じて、新規貸付を大きく増やすことができた」という。

ベルコのローンポートフォリオの増加率は、ドル建てで一八・八%と、他の信用組合の平均に比べてほぼ四倍の増加率を記録した。また、同社の消費者ローンの実施件数は、ウェブ上でのアドバイザーセンター導入後の一年で二六％増えた。天秤の右側へ移ることは、ベルコにもそのウェブ会員にも意味があったのだ。

企業は今後十年の間に、プッシュ・プル型からアドボカシー型のマーケティング戦略へと移行するために多数の実験や試行が繰り返されるだろう。パラダイムはシフトしつつある。そして、企業の組織的な経験と、信頼構築のためのツールに関する調査から、新しい手法が生まれるだろう。プッシュ・プル戦略がうまく機能しないこと、優れたリレーションシップ戦略すら万全ではないことに気づく企業も多くなるだろう。次章では、アドボカシー戦略の確立に使える最先端のツールを紹介しよう。

図4　ベルコのアドバイス・センターと利率比較

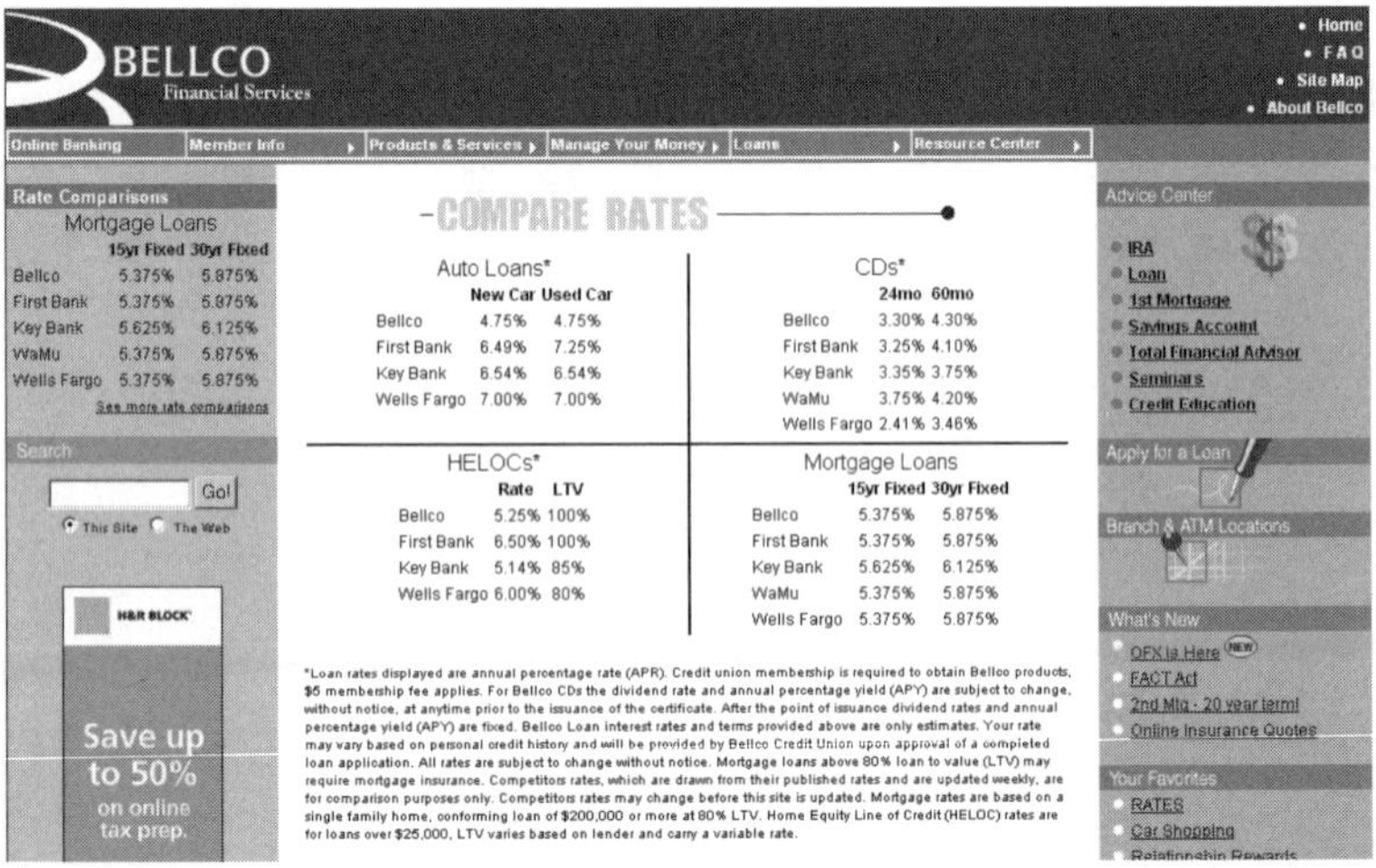

chapter 7

理想のCRM

前章では、あなたの会社に「アドボカシー」が適した戦略であるかどうかを知るための指針について説明した。適していると判断した場合には、さまざまな手法によって信頼を築くことを目指すべきだ。八つの要素それぞれについて、自社の位置をアドボカシー型へと移行させなければならない。

本章では、さまざまな手法の基礎となる分析の技法について論じる。また、「アドボカシー用のツールキット」の作成について経営面から評価する。ここに述べる技法を活用すれば、あなたの会社も最適なアドボカシーのレベルに到達できるだろう。

★1 Goetsch, David L. and Stanley Davis. *Quality Management: Introduction to Total Quality Management for Production, Processing, and Services*, 4th edition.
John L. Hradesky, *Total Quality Management Handbook*. NY: McGraw-Hill, 1994.

★2 Desatnick, Robert L. and Denis Detzel. *Managing to Keep Your Customer: How to Achieve and Maintain Superior Customer Service Throughout the Organization*. San Francisco: Jossey-Bass, 1993.
Keiningham, Timothy L. and Terry Vavra. *The Customer Delight Principle: Exceeding Customers' Expectation for Bottom Line Success*. NY: McGraw-Hill, 2001.

アドボカシー・ピラミッドの基盤

図1では、基本的なアドボカシー・ピラミッドを示した。まず強調しておきたいのは、TQMや顧客満足という基盤がなければ、ピラミッドはつぶれてしまうということだ。

TQMについては既に有効性が証明されている手法が多々存在する。[★1] もっとも、たとえ有効性が証明されている手法でも、利用し続けるのは難しい。フォードは一九九〇年代に「品質」を優先課題に掲げることで市場での首位を獲得した。しかし二〇〇〇年代の初頭にプログラムの一貫性を失うと、品質のレベルが低下した。同様に、顧客満足プログラムもよく知られた手法だが、プログラムを策定し、効率よく実行するのは簡単ではない。[★2] だが、ピラミッドの基礎部分を頑丈に作らなければ、その上位のリレーションシップ・マーケティングで顧客との信頼関係を構築することも不可能だ。

図1　アドボカシー・ピラミッド

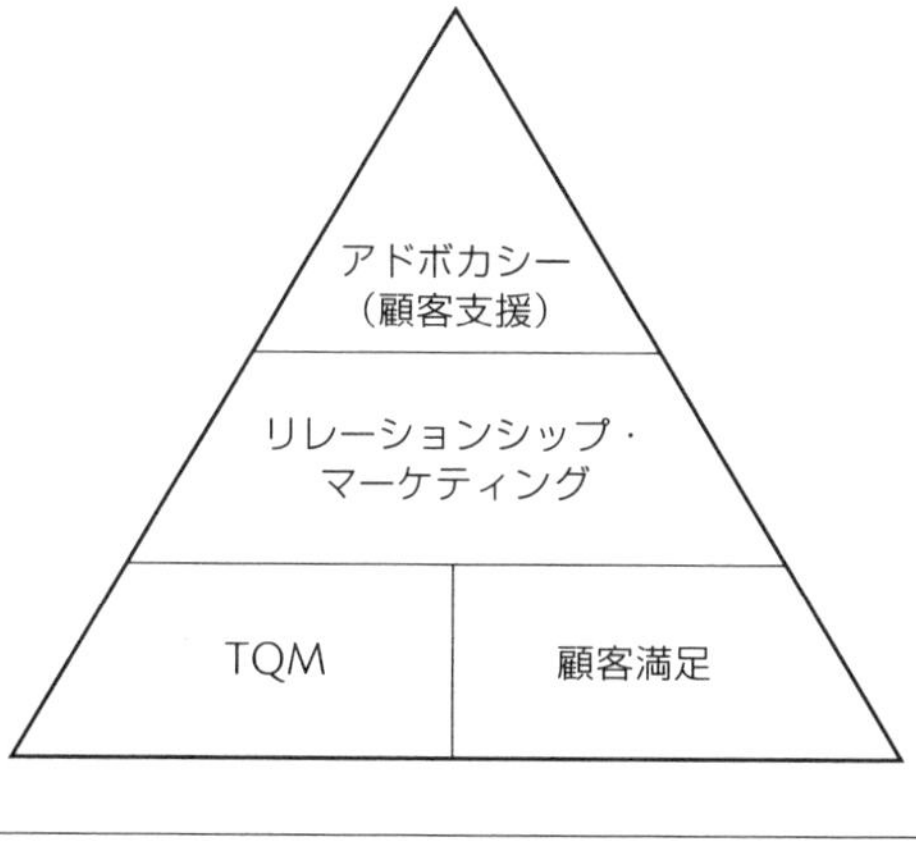

CRMの理想と現実

CRMは、アドボカシー・ピラミッドの「リレーションシップ・マーケティング」の部分を築くための重要な手法である。過去十年の間、多くの企業はさまざまなプログラムを実施することによって顧客との関係を一新し、強化した。ITや豊富なデータ、改善された業務プロセスを用いて、ブランド・ロイヤルティや収益性を高めたのだ。

CRMの方法論は、既に多くの本で論じられている。★1 その理想は「顧客自身や顧客と企業の相互関係を完全に理解する」ことにあった。企業が顧客を理解すれば、顧客との関係構築や収益の最大化を実現するために、従来以上に優れた製品を製造し、コミュニケーション・プログラムやプロモーションを実施できる。CRMは、顧客との関係を築く上で大きな可能性を秘めたツールだ。それは、ピラミッドを登りながらアドボカシー戦略に移行するための基礎となる信頼関係の構築につながっている。

CRMで最も成功しているのは、アメリカの流通業界だ。L・L・ビーン、ランズエンド、オービスでは、顧客との取引履歴や最近の購買記録をもとに、その顧客に適したカタログを送る。これらの企業のCRMプログラムでは、送付するカタログ数や種類、カタログのカスタマイゼーションと特別なプロモーションについての方針を明らかにしている。こうした「オプトイン」システムを持つ企業は、顧客の人口特性（年齢、性別、収入）に関する詳細なデータを集め、

★1 最近の例は、以下を参照。Brown, Stanley. *Customer Relationship Management: A Strategic Imperative in the World of E-Business*. New York: John Wiley and Sons, 2000.（『CRMの構築と実践』スタンリー・ブラウン編、プライスウォーターハウスクーパーコンサルタントCRMグループ監訳、東洋経済新報社、2001年）
Swift, Ronald. *Accelerating Customer Relationships: Using CRM and Relationship Technologies*. Upper Saddle River, NJ: Prentice Hall, 2001.（『加速する顧客リレーションシップ』ロナルド・スウィフト著、日本NCR監訳、ピアソンエデュケーション、2001年）
Dyche, Jill. *The CRM Handbook*. Boston, MA: Addison-Wesley, 2002.

顧客の興味（顧客がプロモーションや新製品のアナウンスメントの入手を希望する製品カテゴリー）を把握している。また、「オプトイン」システムを使えば、さまざまな手段（カタログ、店頭、インターネット、コールセンターなど）を用いたコミュニケーションやプロモーションを改善でき、投資収益率の向上につながる。ラスベガスのカジノもCRMの利用で成功している。たとえばハラーズは顧客のギャンブル行動を追跡し、顧客の潜在的な収益性に応じて「無料招待券」（無料宿泊券など）や特典を提供している。

だが残念なことに、ほとんどの企業にとって、CRMの現実は理想を裏切るものだった。CRMプログラムの五五％以上は、成功と呼べるだけの便益を生み出さなかったのである。そのため企業は、CRMプログラムにやや懐疑的になっている。★2

一般的にCRMは、顧客との間に強いリレーションシップを築くことを目的として、マーケティング部門で着手された。しかし実際は、すぐにITに焦点を当てた取り組みと化してしまった。CRMでは、データ・ウエアハウスの構築を第一段階と定義していたからだ。★3

企業は、大量のデータからある傾向を引き出し、利益を得るチャンスを見つけ出すことにのみ注意を向けた。利益の確保を最優先したのには、それなりの理由がある。アメリカの経済は二〇〇〇～〇三年にかけて景気停滞の時期に入っていた。完全なデータベースの構築に巨額の資金を投じてしまった企業は、コストの削減を図る一方で、短期収益の向上に力を注ぎ、そのためのプロモーションを推進せざるをえなかったのだ。

いくつかの自動車会社は、自動車の購入を考えている顧客を見つけ出し、特別価格で売り

★2 Freeland, John G. *The Ultimate CRM Handbook*. New York, NY: McGraw-Hill, 2003, p.3.

★3 Inmon, William. *Building the Data Warehouse*. New York, NY: John Wiley & Sons, 1996.
Imhoff, Claudia, et al. *Building the Customer Centric Enterprise: Data Warehousing Techniques for Supporting Customer Relationship Management*. New York: John Wiley and Sons, 2001. "Tera Data Center for Customer Relationship Management" デューク大学（Duke University）（www.teradataduke.org）

つけようとしていた。データ・マイニングを駆使すれば、たとえば「競合他社の車を購入してから四年以上が経過していて、最近引っ越したばかりの所得五万ドル以上の人々」のリストを作成できる。そしてディーラーは、彼らに新車案内や試乗会への招待状、五〇〇ドル相当の無料オプションのクーポンを送りつける。だが、この方法は有効かもしれないがプッシュ・プル型の手法であり、長期的な信頼関係を生み出しはしない。

これに対して、アドボカシー型のCRM（理想的なCRM）は、この手法とは対極にある。車の購入から使用、サービス、買い替えまで、どのような局面でも顧客が自ら最善の決断を下せるように支援するのだ。**表1**では、プッシュ・プル型のCRMを「理想のCRM」に転換する方法をいくつか示した。以下、順に説明しよう。

「ワン・トゥ・ワン・マーケティング」は、顧客ごとの対応によって、顧客との関係を構築する手法である。[★1] 企業は、顧客一人ひとりのニーズを把握することによって、顧客の知りたがっていることを顧客の好む手段（インターネット、Eメール、電話、郵送、メディア）で正確に伝達できる。また、ワン・トゥ・ワン・マーケティングを実施すれば、マス・カスタマイゼーションや顧客のニーズにかなった製品の提供も可能になる。

「ブランディング」は、信頼を構築する上で極めて重要だ。ブランドは「信頼の目印」になるだけではない。企業の特徴、サービス、製品のポジショニングの優位性、コミュニケーション方法に対する顧客の認知をすべて含んでいる。

表1　「理想のCRM」の構成要素

構成要素	特徴
ワン・トゥ・ワン・マーケティング	顧客ごとの対応
ブランディング	「信頼の目印」としてのブランドの確立
ロイヤルティ・プログラム	事業関係の継続
チャネル・パートナーシップ	信頼にもとづいたチャネルの構築
パーミッション・マーケティング	オプトイン・システム、公平な推薦
網羅的な情報とアドバイスの提供	情報公開、公平な助言

「ロイヤルティ・プログラム」は、優良顧客を獲得・維持するための重要な手法である。航空会社やホテルのロイヤルティ・プログラムには、ファーストクラスへのアップグレード、無料の予約変更、特別サービスなどがある。そのどれもが乗客にメリットをもたらす。また、長期にわたって特別な関係を築くための強いインセンティブにもなりうる。頻繁に旅行する優良顧客には、「お気に入りの航空会社に乗れる」というだけで、旅行の計画を変更する乗客もいるだろう。

「チャネル・パートナーシップ」は、顧客体験の一貫性を維持する上で重要だ。パートナーシップは、メーカー、チャネル、顧客のいずれに対しても、利益を保証する。

「パーミッション・マーケティング」によって、企業の提供する個別のコミュニケーション・システムに対して顧客がオプトイン（メールの受信を承諾するなど）することが可能になる。[★2] 顧客からのオプトインは、あなたの会社を信頼したいという強いメッセージだ。もちろん、あなたの会社はこの信頼に添うように努力し、信頼関係を築かなくてはならない。しかも、顧客のオプトインを取っていれば、識別しやすいデータ（郵便番号や過去の購買記録）だけでなく、顧客の態度やニーズなど、コミュニケーションをカスタマイズするための個人情報を収集することができる。その結果、企業は顧客にとって必要かつ貴重な情報を伝えることができるようになり、顧客から感謝され、信頼を得られるのだ。

また「網羅的な情報とアドバイスの提供」も、理想のＣＲＭへ至る重要なステップである。偏った主張や誇張は、顧客に疑いを抱かせてしまう。企業の出資するコミュニティ・サイトは、オプトインの一歩先を行っている。そこでは、顧客が意見や情報を交換し合い、製品の利用

★1 Peppers, Don, et al. *The One to One Fieldbook.* New York, NY: Currency Doubleday, 1999.

★2 Godin, Seth. *Permission Marketing.* New York, NY: Simon and Schuster, 1999.（『パーミッション・マーケティング』セス・ゴーディン著、阪本啓一訳、翔泳社、1999年）

体験を共有する。コールセンター、チャネルの営業スタッフ、インターネットのバーチャル・アドバイザーを通じた「アドバイス」も、さらに高い信頼レベルへ移るための大きなステップになりうる。顧客の利益を反映させたアドバイスが最善の結果につながるように、彼らを本気で支援しなければならない。

「理想のCRM」を構成するこれらの要素は、顧客にも企業にも役に立つ。以下ではGMの事例を紹介する。同社では、「理想のCRM」プログラムを導入することで、顧客が以前にもまして同社の車を購買対象として検討し、重視するようになった。GMのプログラムでは、アドバイザーが公平な立場で顧客のために最高の車を選び出す（**図2**）。あなたの会社でも、手に入るだけのツールキットを揃えなくてはならない。「リレーションシップの構築」という基礎固めこそ、アドボカシー戦略の成功の鍵を握っているのだ。

図2 GMのオート・チョイス・アドバイザー

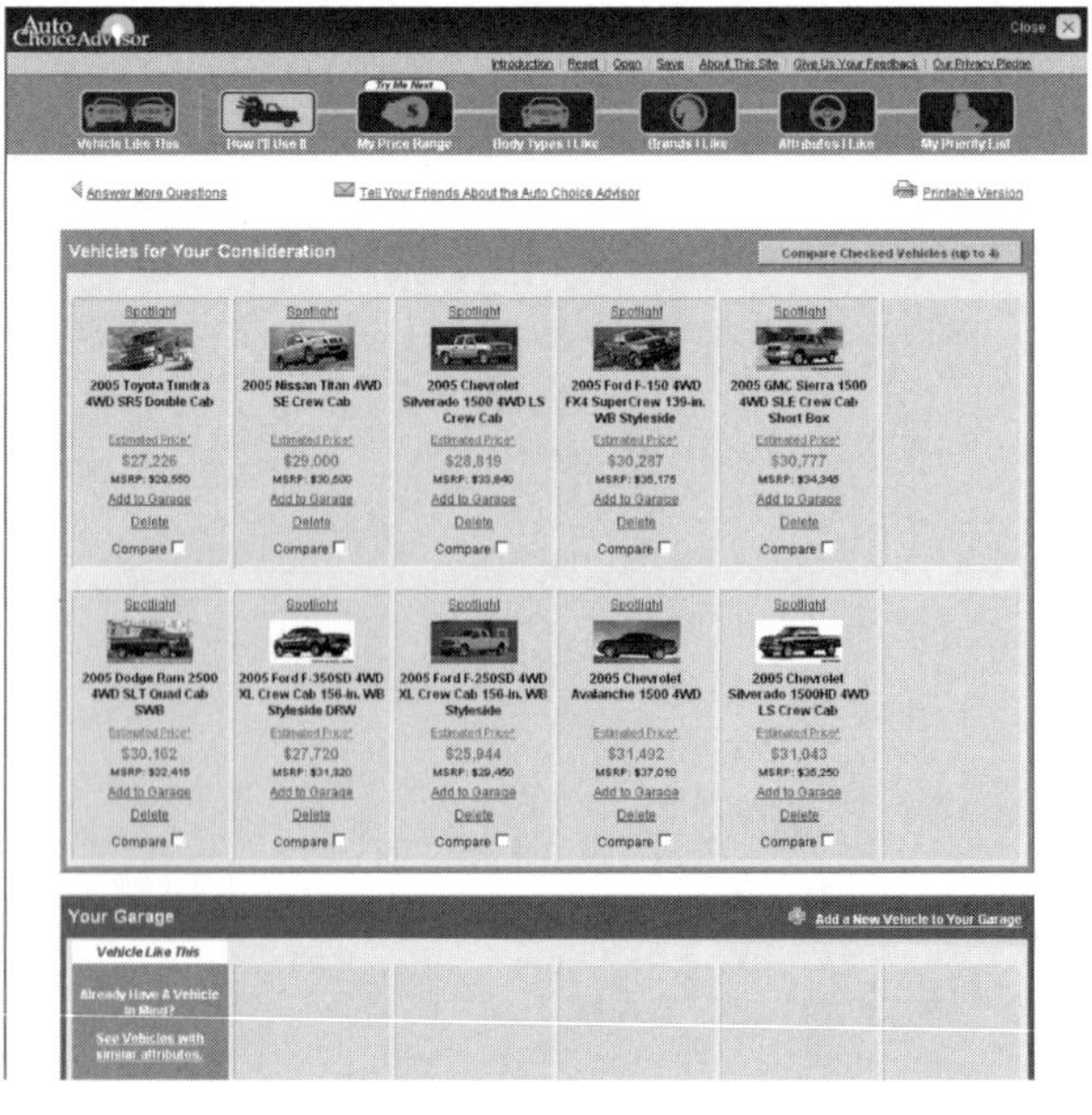

column

4

GMと「理想のCRM」

GMは二〇〇四年に、従来型のCRMから「理想のCRM」への移行について、フィールドリサーチを実施した。調査ではまず、次の四つの方法の効果が試された。

❶顧客属性に応じたダイレクトメールの送付。自動車の安全性、スタイル、性能、燃費に対する顧客の志向を調べ、その顧客が最も重視している項目を説明したパンフレットを送付した。

❷インターネット・アドバイザーの設置。アドバイザーは、顧客の意思決定を支援するサービスを客観的な立場で提供する。（図2のオート・チョイス・アドバイザーを参照）。

❸ビデオ・オートショーの実施。販売活動は一切しないことを条件に、GMと競合他社の合計二〇〇台以上の車を対象に、テストドライブを顧客に仮想体験してもらう。

❹オンライン・コミュニティの設置。車の専門家が運営を支援する、五〇〇人の顧客を対象にしたコミュニティ・サイトを立ち上げる。

ロサンゼルスで、およそ一七〇〇名の見込み客（一年以内に自動車の購入を予定している消費者）に対して、四つの手法から一つないしは複数の手法を試した場合の効果を測定した。また、GM車購入の検討、特性（質、スタイル、性能、安全性）に関する車の認知度、ディーラーを訪問する意向の有無、選好性、購入意思をアンケートによって調査した。

この回答結果を毎月集計したところ、さまざまな車に関するテストドライブが、GM車の購入の検討、選好性、購入に最も大きな影響を与えていることが明らかになった。次に影響が大きかったのは、顧客に応じたダイレクトメールとインターネット・アドバイザーである。オンライン・コミュニティは、信頼構築の面で大きな影響を及ぼし、顧客にGM車の購入を検討させた。どの手法でも、「自分の体験を少なくとも一人に話した」と答えている被験者が全体の九〇％を超えた。分析結果によれば、すべての顧客が四つの手法をすべて体験した場合、GMは市場シェアを一〇％以上、伸ばせるという。

アメリカの国内市場におけるGMのシェアは五十億ドルに相当するため、潜在的利益は大きい。同社は現在、市場での統合オプトイン・プログラムを試行しており、顧客と信頼関係を築くとともに、市場シェアや投資収益率の向上を目指している。

継続的な改善活動

CRMの機能を補うには、信頼構築に向けた継続的な学習システムが必要だ。市場実験や調査によって、マーケティング・プログラムの信頼性を高めよう。そうすれば、重要な便益を得るばかりか、増やすことも可能になる。これには何の不思議もない。TQMにとって継続的改善が重要なのと同様に、信頼構築にはコミュニケーション・ツールを改善するための継続的な実験が必要である。

図3は、インテルの消費者サポートサイトにおける継続的な改善活動の成果を示している。この事例では、次の五つの手段を順次実験することで、PCカメラ用ソフトウエアのダウンロードの成功率を六三%から八五%にまで伸ばした。

❶ トラストシール
❷ ナビゲーション・チェックボックス
❸ ガイダンス付ウィザード
❹ バーチャル・アドバイザー

図3 継続的な実験によるインテルのダウンロード・サポートサイトの改善

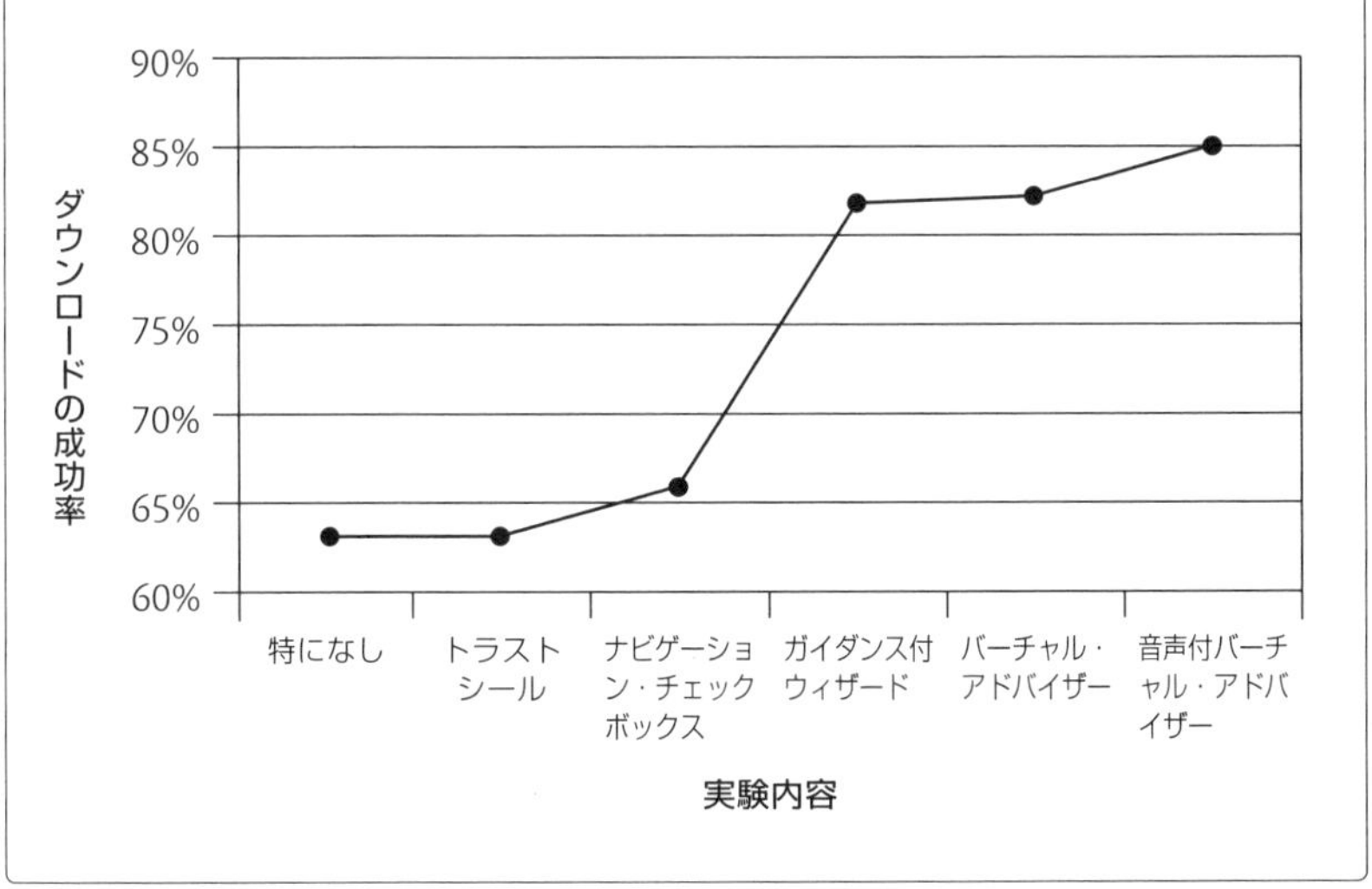

インテルはこれだけで年間一〇〇万ドル以上のコストを節約できた。同社の他の製品にもこの手法を導入して同様の結果をもたらすことができれば、電話やその他のチャネルでダウンロード方法を案内するコストを年間四〇〇〇万ドル以上節約できるだろう。

この進歩は、品質改善プログラムとよく似ている。品質改善プログラムでは、工場の生産現場で品質の改善を続けた結果、製品品質や効率が大幅に向上している。かつてインテルの製品設計者は、自分たちはよくやっていると思っていた。そんな彼らが品質改善の手法を学ぶようになったのは、日本の競合他社に、同社の製品が本来達成可能な品質レベルに到底及んでいないことを見せつけられたためだ。同じことはウェブサイトのデザインにも言える。ほとんどのサイトは、消費者の反応をよく理解していないITエンジニアによって設計されていた。「画面の上にタブを」「メニューを左側に」など、サイトのデザインに対する基準は作られているが、信頼の構築や売上の増加につなげるには、まだ改善の余地がある。サイトデザインに対する取り組みは複雑だ。

多くのサイトが持つ構成要素は、個々の顧客の属性やニーズと同じくらい信頼構築に影響を及ぼす。信頼は、行動（ダウンロードや購買）の促進を媒介する変数だ。そして、消費者行動に直接影響するのは、ウェブサイトの特徴（フォーマット、情報、推薦、明確な指示）や消費者の特徴（コンピュータに関する専門的知識、教育・収入レベル）である。

二十五のインターネット・サイトと六八〇〇人以上の消費者を対象とした統計調査では、信頼構築に最低限必要なのは、プライバシー保護やセキュリティに問題のないソフトウエアであることがわかった。しかし、それと同様ないしそれ以上に重要な要素がある。ナビゲーションのわかりやすさ、アドバイスの提供、質の高い情報のプレゼンテーション（見栄え、タッチ、感触）、ブランドである。★1 この分析結果が同社の実験の最初の基礎になった。そして実験を進めていくにつれて、消費者との間に特別な信頼関係が生まれ、次の実験の方向性が示唆された。

インテルのプロジェクトは、サイトデザインを対象にしていたが、その結論はさまざまなチャネルにもあてはまる。小売店（ディーラー、銀行、商店など）の場合には、間違いのない価格設定と、安全で信用できる取引が信頼構築の最低条件になる。これらの最低条件を満たさなければ、「トラストバスター（信頼を破壊する原因）」が生まれ、顧客はサイトの画面を閉じるのと同じように店から出て行ってしまうだろう。小売店に欠かせないのは、店内の流れをよくする案内（ナビゲーション）、販売スタッフの質（アドバイス）、看板や表示（情報）だ。混雑した機能的な店もあれば、温かい雰囲気と親しみやすさを感じられる（商品を見て、触って、感じられる）店もあるだろう。

今日では、店舗、インターネット、コールセンター、ダイレクトメール、カタログなどを使ったマルチチャネルのマーケティングが当たり前になっている。非常に重要なのは、全てのチャネルで「一貫性」を保つことだ。ウェブサイトでも、コールセンターでも、店頭でも、同じアドバイスと情報を提供しなくてはならない。誰もが同じ考えを持たなければならないのだ。信頼の構築を主目的にするサイトであれば、販売活動は顧客に口を挟ませないような強引な

★1 Bart, Yakov, et al. "Determinants and the Role of Trust on the Internet: A Large Scale Exploratory Empirical Study," MIT Sloan Working Paper (Cambridge, MA, MIT School of Management), 2004.

営業をするより、コンサルテーション販売の原則に従ったほうがいい。顧客の抱える問題やニーズを明らかにする。顧客と関係を構築する。顧客に解決策を提示する。そして、意思決定に影響するあらゆるタッチポイントにおいてコミュニケーションを展開する。こうした原則が大切である。[★1]

「バーチャル・アドバイザー」の構築

あなたの会社がアドボカシー・ピラミッドの頂点に到達しようとするときに欠かせないのは、「バーチャル・アドバイザー」だ。本書でも既に、アドバイザーの例をいくつか紹介した（第6章の**図2**、一六五頁、**図3**、一六七頁）。ここでは、バーチャル・アドバイザーの構築方法を、もう少し詳しく論じよう。

最高のアドバイザーとは、十分な訓練をもとに小売店や販売現場で働く社員である。しかし、ここには三つの問題がある。第一に、優れたアドバイザーを探すのは容易ではない。第二に、優れたアドバイザーを確保するには、研修や給与支払のコストがかかる。第三に、接客に従事する社員の離職率は高い。

多くの市場セグメントで、生身のアドバイザーを用意するにはかなりの資金を要する。典型的な小売店では、賃金が低いため、学歴の高い販売スタッフを求められない。また、基本レベ

★1 最も成績のよい販売スタッフによる信頼の獲得方法については、以下を参照。Maister, David H., et al. *The Trusted Advisor.* New York, N. Y.: The Free Press, 2000.

ルのスキルの訓練に費用がかかる。スキルアップの継続も大きな負担となる。研修プログラムは通常、数日がかりで集中的に実施される。だが残念なことに、このようなプログラムで学んだことは、すぐに忘れられる。時間が経てば、研修の効果も消えてしまうのだ。

　幸いにも顧客は、インターネットによって、生身のアドバイザーとほぼ同じ利便性を得ることができる。そこで最も基本になるアプローチは、顧客へのEメールかコールセンターへのリンクである。バーチャル・アドバイザーは、インターネットを非常に有効に活用している。安上がりな上に、高度な知識を持ち、アップデートも簡単だ。二十四時間休みなく働き、転職することもない。

　強い信頼を獲得するには、この「アドバイザー」に知能を持たせること、すなわち顧客一人ひとりに応じた適切な助言を与えられる双方向的な機能を組み込むことが必要だ。そうすれば、顧客はバーチャル・アドバイザーと積極的に関わるようになるだろう。

　図4に示したアプローチでは、アドバイザーの能力（知能）と

図4　トラスティッド・アドバイザーを作るための条件

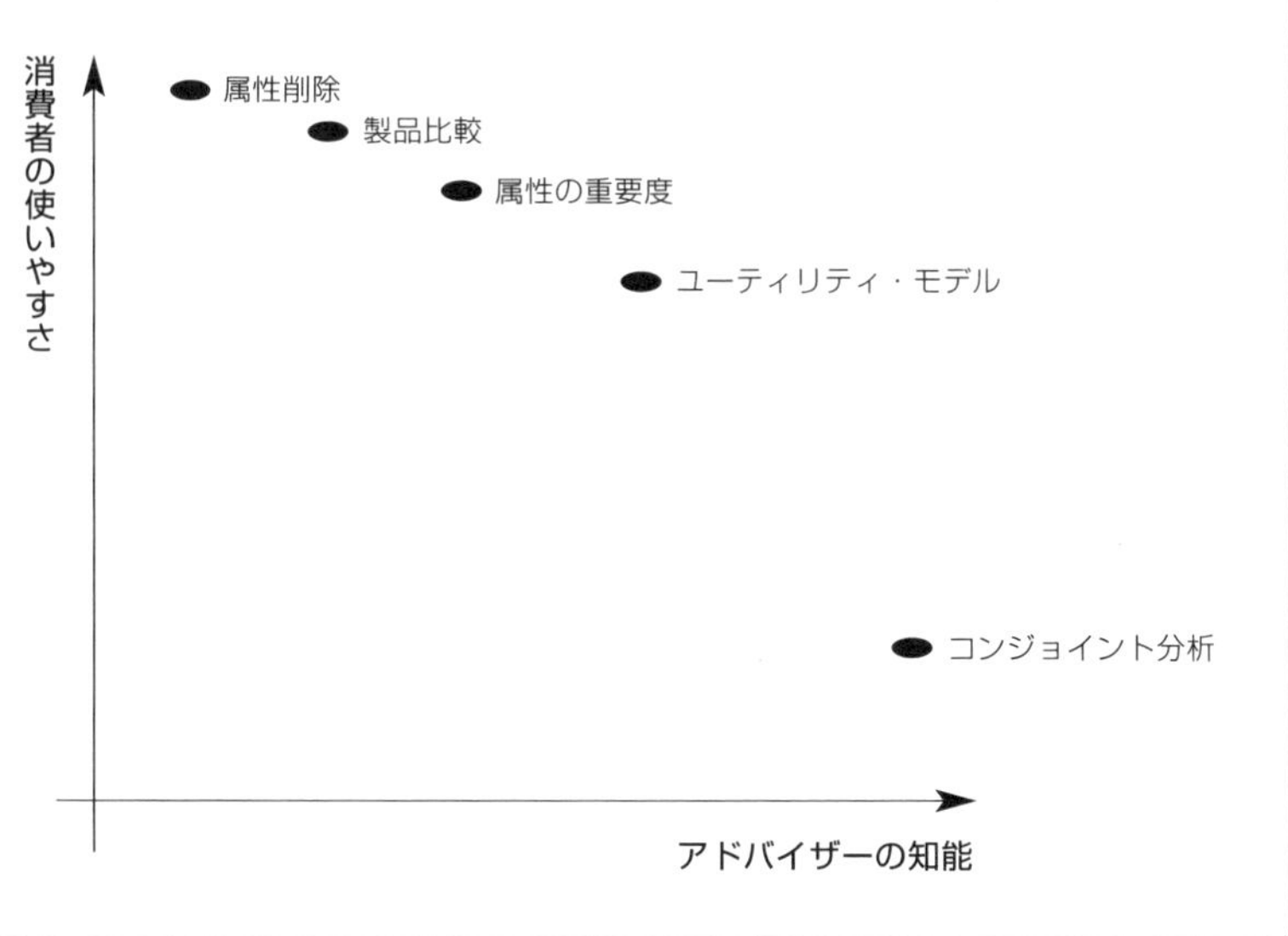

消費者の使いやすさがトレードオフとなっている。

たとえば、「コンジョイント分析」を基礎とするアプローチは、非常に有効だが、使い勝手は低い。このアプローチでは、複雑なデータを得るために、消費者は十～十五分のアンケートに回答しなければならないからだ。結果として非常に有効な助言を得られるとしても、オンラインでいくつもの質問に我慢強く答える顧客は、現実にはほとんどいない。

これに対して、最も簡単な方法は、「属性削除法」である。そこでは、顧客が求める商品の特徴を自分で選ばせてから、条件を満たす製品をすべてアドバイザーに特定させる。この手法が適しているのは、「三〇〇馬力以上のエンジンの赤いコンバーチブル型スポーツカーを五万ドル以下で探したい」というような場合だ。

ほかにも、コンジョイント分析と属性削除法の中間に当たるアプローチが存在する。「製品比較」は、そのなかでも一番単純な方法だ。このアプローチでは、顧客が製品の一覧から興味のある製品を選ぶことで、技術仕様書のマトリックスが製品別に示される。「属性削除法」に、顧客によって選ばれた属性のプラス面とマイナス面に関するアドバイスを組み合わせる方法は、有効な製品比較の一つだ。

顧客に「属性の重要度」を質問し、その値を属性ごとに掛け合わせ、加算する方法もある。マイプロダクト・アドバイザー・コム（MyProductAdvisor.com）は、カメラに関するアドバイスにこのようなアプローチを採用している。ノキアは、コミュニケーション・ニーズ（ビジネス、創造性・芸術性、娯楽性、社会性、基本ニーズ）や支出の好み（基本支出から特別な支出まで）などについての六つの質問を通して、顧客が自分に最もふさわしい電話機を選択できるようにしている。
またノキアでは「ユーティリティ・モデル」をもとに価値を詳しく分析している。この手法を応用したのが、GMのアドバイザーだ。顧客にとっての製品の重要性や、その製品の利用予定を質問するGMのアドバイザーは、使いやすさと助言の質のバランスがうまく取れている。★1
さまざまな手法の特徴を組み合わせることで、最大の効果を生み出せる場合もある。XFI社の作成した「オートアドバイザー・システム」では、顧客がまず複数のペルソナ（仮想された人物）の中からアドバイザーを選択し、次に「アドバイザーが勧める製品を選ぶか、トレードオフを踏まえて妥当なものを選ぶか」といういずれかの方法を取ることが可能だ。このアドバイザーでは、ペルソナの選択によるフィルタリングと、属性の重要度の評価を結び付けている。またステープルズも、セグメント戦略のために七つのペルソナを設計している。★2
CDや本の販売などリピート購買が盛んな市場では、「協調フィルタリング」と呼ばれる高度な方法によって、顧客に一切負担をかけずにアドバイスを与えられる。過去の購買行動から明らかにされた消費者の好みにもとづいて新たなアドバイスを提供するのだ。私がアマゾンで『ティッピング・ポイント』★3を購入すれば、本書を勧められるかもしれない。このような相互関係は、協調フィルタリングの最も単純な形態である。高度な統計手法を用いてアルゴリズムを精緻にすればするほど、より適切なアドバイスが提供できるだろう。
まずは単純なアプローチから出発するといい。「属性削除法」や「製品比較」なら簡単に採用できる。もっとも、顧客がそのツールを簡単に使えるかどうかの考慮を怠ってはならない。

★1 Urban, Glen and John Hauser, "Listening In to Find and Explore New Combinations of Customer Needs." *Journal of Marketing*, vol.68 (April 2003), 72-87.

★2 Manning, Harley, "Amazon, Staples Share Persona Secrets at Shop.org." *Forester*, January 29, 2004.

★3 マルコム・グラッドウェル著、高橋哲訳、飛鳥新社、2003年

このほかにも有効なツールは多数あるので、目的に応じてうまく活用することだ。「製品に関する客観的な事実だけをすぐに知りたい」という顧客もいれば、「自分のためのアドバイザーがほしい」という顧客もいるだろう。どちらの顧客でも使えるような購買決定支援ツールを提供するのが望ましい。あるいは、あなたの会社から顧客に対して、意思決定の方法を聞いてみることも可能だ。「製品についてはよく知っているので、正確な情報がほしい」と答える顧客もいれば、「これらの製品について調べているところなので、基本的なことを教えてほしい」と言う顧客もいるだろう。また、クリック・パターンから顧客が好む分析手法を推測し、自社のサイトを結果に合わせて変えていく方法もある。

バーチャル・アドバイザーには、使いやすいナビゲーションも欠かせない。優れた見栄えや高い操作性、快適な環境を提供することが必要だ。そして正確な情報をもとに、顧客の役に立ちそうなアドバイスを提供しなければならない。事実を求める人々には、いくつもの図表やリンクを載せた盛りだくさんの画面が役立つだろう。しかし、自分のためのアドバイスを求める人々には、ペルソナを活用し、掲載する写真やオーディオ機能を充実させ、同時に画面に十分な余白を残しておくのだ。そうすれば親しみやすいサイトになる。単に一方的な広告を載せてはいけない。

商用トラクターを販売するジョンディア社のサイト（ジョンディア・コム）には、多数のアドバイザリー・ツールが用意されている。顧客のニーズに合ったトラクターの大きさやタイプを選ぶための「ニーズ・アナライザー」や、スペックで選択するための「スペック・アナライザー」、設計や価格で選ぶための「設計・価格アナライザー」などもある（**図5**）。

さらにジョンディアでは、同社のトラクターと競合他社のブランドやモデルとの比較情報を提供しており、信頼獲得のための手段も豊富に盛り込まれている。たとえば、トラクターを購入した顧客がその理由を話しているインタビュー映像を見ることもできるのだ。興味深いことに、ジョンディアがこの種の競合製品の公平な比較を始めたことによって、同社と競合する大手企業（クボタなど）でも、自社のウェブサイトで同様の比較を実施するところが増えてきた。この業界では顧客とメーカーの信頼が着実に醸成されつつある。

また、アドバイザーは消費者市場に限定されるものではない。GEプラスチックスでは、「エンジニア支援ツール」を使って、顧客企業のエンジニアが最高のプラスチック材料を選ぶのを支援している。また、同社のアドバイザーは、プラスチックの硬度、耐久性、流量、コスト、最大変形量、温度管理についてのアドバイスを提供している。

このような優れたアドバイザーを設計するためにも、顧客

図5 ジョンディアのアドバイス・ツール

の購買決定方法やセグメントごとの意思決定スタイルを理解することが必要だ。コンセプト調査や継続的な試行によって、アドバイザー・システムを常に改善していくのである。そうすれば、あなたの会社でも、顧客との信頼構築や顧客への支援が可能になる。

顧客ニーズを知るための「傾聴」

信頼されるアドバイザー・システムを構築するためには、まだ満たされていない顧客ニーズを学ばなくてはならない。ニーズが把握できれば、新製品の設計にあたって顧客とのパートナーシップを結ぶ準備ができる。アドバイザーと顧客の対話を「傾聴」することで、既存製品よりも顧客のニーズにかなった製品を開発する機会を見出せるのだ。

図6に示したのは、「トラックタウン」と呼ばれるアドバイザー・システムのバーチャル・エンジニアである。私は一九九八年に、GMの支援を受けながら、MITの調査チームと共同でこのシステムを構築した。「トラックタウン」を利用する顧客は、三人のバーチャル・アドバイザー（機械工、コンシューマー・リポーツの編集者、近隣の請負業者）から一人を選ぶ。選ばれたアドバイザーは、顧客の製品の重要性・必要性、好みをもとに、それぞれのトラックについて、顧客へ質問を投げかける。そして、利用価値を計算し、その顧客にとって利用価値の最も高いトラックを勧める。[★1] 顧客ニーズを完全に満たすトラックが自社製品の中に存在しない場合には、アドバイ

★1 Urban, Glen and John Hauser, "Listening In to Find and Explore New Combinations of Customer Needs." *Journal of Marketing*, vol.68 (April 2003), 72-87.

★2 Von Hippel, Eric. "Lead Users: A Source of Novel Product Concepts." *Management Science*. vol.32, no.7, 1986, pp.791-805
"Shifting Innovation to Users via Toolkits." Management Science. vol.48, no.7, July 2002, pp.821-833.

ザーはさらに詳しい情報を得るために、バーチャル・エンジニア・サイトを呼び出す。こうしてGMは、新たな顧客ニーズを知ることができるのだ。

この「傾聴」方式は、一〇〇〇件以上のアドバイザリー・セッションの結果にもとづいて、二〇〇一年八月に採用された。そこで明らかになった顧客ニーズは、主に三つだ。第一は、ボートの牽引が可能な小型トラック、第二は、大型でありながら小型トラックのように操作性の高いトラック。最後にあげられるのは、燃費の良い大型トラックだ。どの顧客セグメントの規模も大きい。こうしてGMは二〇〇五年に「コロラド」と呼ばれる中型トラックや、高い牽引力を擁しながら操作性に優れた四輪駆動のフルサイズ・ピックアップ・トラック、そしてハイブリッド・フルサイズ・ピックアップ・トラックを開発した。

「リード・ユーザー分析」も顧客のニーズを明らかにするためのツールの一種である。★2 この方法を使えば、市場ニーズや技術動向を明らかにできる。先端技術を

図6 バーチャル・エンジニア

開始画面

対話例

詳しい情報を得るための質問

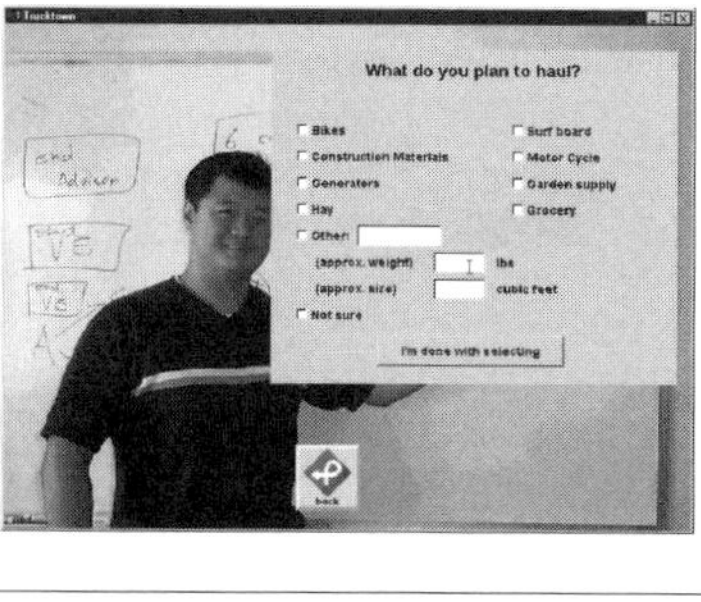

自由記入型の質問

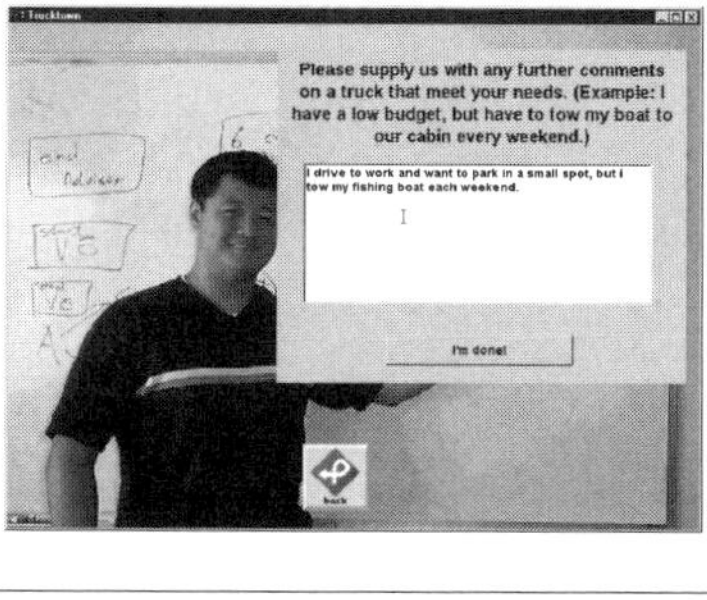

使いこなすユーザーは、ワークショップに参加し、自分なりの解決策を用いることで、主要市場に対するアイデアの発展に力を貸す。たとえば3Mは、リード・ユーザー分析を採用したことにより、ニーズを明らかにするための従来の手法に比べて生産性を八倍も高めることができた。★1

また、製品の設計で顧客に協力を求める方法の一つに「デザイン・パレット」がある。**図7**では、顧客が自分の理想のピックアップ・トラックを作る例を示した。デザイン・パレットで顧客は、パワー（エンジン、トランスミッション、牽引力、四輪駆動）、サイズ（車高、車幅、ドア数、運転席のサイズ）、スタイル（モダン、スポーティ、ラギッド、レトロ）、オプション（ステレオ、GPS、エアコンなど）を自由に組み合わせることができ、組み合わせに応じてコストと燃費の見積額が計算される。図で示した画面は、ある顧客が自分のためのトラックを組み立てた例の一部だ。この顧客は、通勤に車を使い、屋根の低いガレージに

図7 デザイン・パレット

開始画面

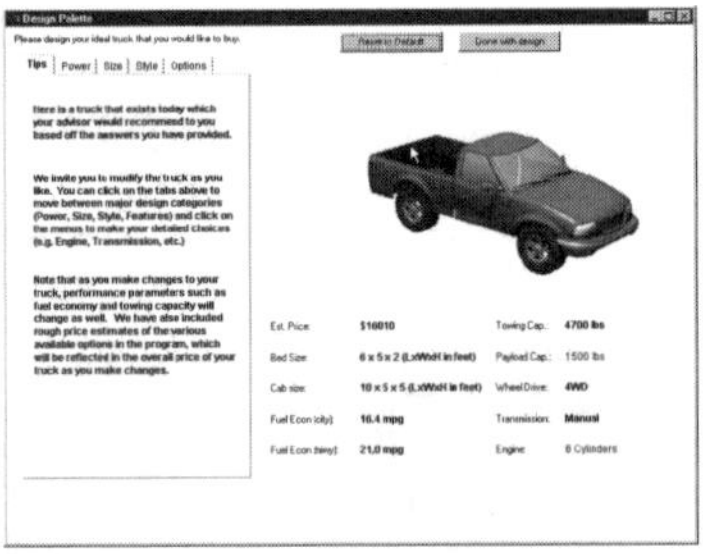

顧客によるサイズの選択

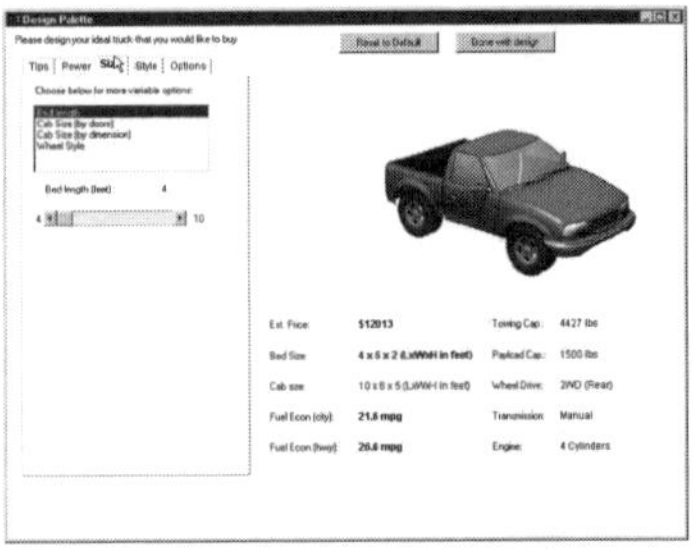

顧客による色の選択

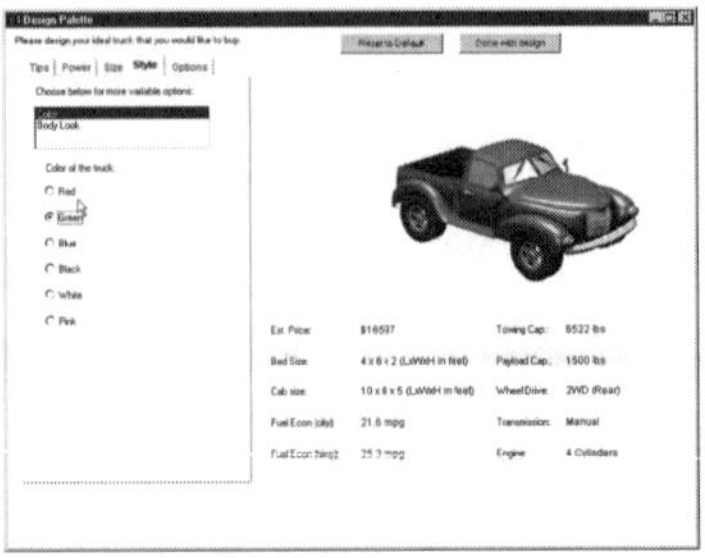

出来上がったトラックに対する顧客の評価

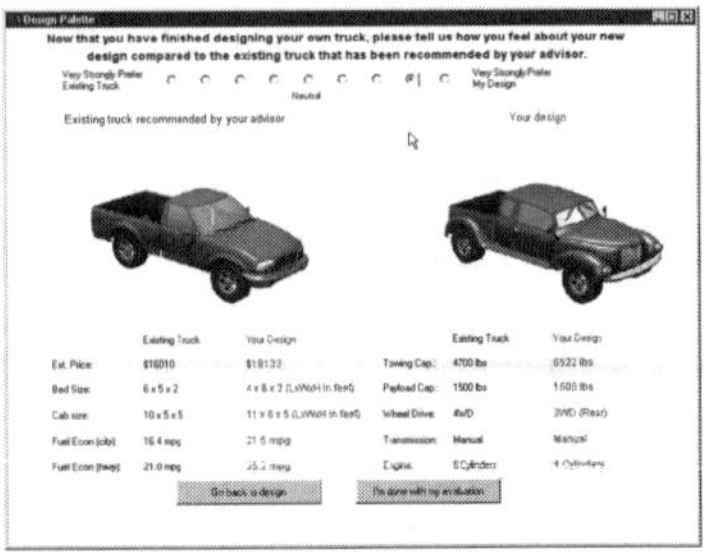

駐車する。そして週末には、車でボートを引っ張る。最後の画面では、このトラックと、顧客のニーズを最も満たす既製のトラックを比較して、どちらが好みかを尋ねている。さまざまな顧客からのインプットによって、企業は顧客のニーズを明確に知ることができる。場合によっては、顧客からの提案が新製品の開発につながるかもしれない。

新製品開発の機会を見つけるために、顧客とパートナーシップを結ぶ。最近このテーマが脚光を浴びている。新製品を開発し、販売プロセスを革新し、顧客との対話を改善するために、顧客とパートナーシップを結ぶ動きが増えている。★2 その結果、企業と顧客、企業と顧客コミュニティ、複数の企業と複数のコミュニティによる「共同製作」が生まれている。

顧客とのパートナーシップの形成、リード・ユーザーの活用、そして「傾聴」。この三つのツールによって、あなたの会社もアドボカシー戦略を構築することが可能になるだろう。

「バーチャル・アドボケート」の構築

競合他社の製品を紹介するバーチャル・アドバイザーは、あなたの会社をピラミッドのアドボカシーレベルへ押し上げる。さまざまなツールを活用しながら、顧客と共同で新製品を開発すれば、さらにピラミッドの上へ進めるだろう。

もっとも、ピラミッドの頂点を代表するのは、「バーチャル・アドボケート」だろう。バー

★1 Lilien, Gary, et al. "Performance Assessment of the Lead User Idea-Generation Process for New Product Development." *Management Science*, vol.48, no.8, August 2002, pp.1042-1059.

★2 Prahalad, C. K., and Ramaswamy, Venkat. *The Future of Competition – Co-creating Unique Value with Customers*. Cambridge, MA: Harvard Business School Press, 2004.（『価値共創の未来へ』C・K・プラハラード、ベンカト・ラマスワミ著、ランダムハウス講談社、2004年）
Vincent Barabba, *Surviving Transformation*, New York, NY: Oxford University Press, 2004.

チャル・アドボケートはバーチャル・アドバイザーに、顧客の利益を最大化する新しい機能を加えると同時に、顧客にも企業にも利益をもたらすようなパートナーシップの枠組みを提供するものである。

アメリカには、顧客が国内の携帯電話サービスを選びやすくするアドバイザリー・サイトがいくつもある。ワイヤレス・アドバイザー・コム（WirelessAdvisor.com）、レッツトーク・コム（Letstalk.com）、インフォニック・コム（Inphonic.com）などだ。

MITにある私のチームは、二〇〇三年に「マイ・ワイヤレス・アドバイザー」の開発によって、アドバイザーの概念を拡大した。**図8**に示された画面は、そのコンセプトを表している。このプログラムでは、ユーザーの前に複数のアドバイザーが現れ、アメリカ国内で利用できるすべての携帯電話サービスについて，料金を節約できるアドバイスを提供する。たとえば、市外通話にローミング・サービスが適用されていない場合には、それについて紹介したり、夜間にまで無料通話時間を延長する方法を教えたりするのだ。顧客は自分に合ったプランを組み、そのプランにもとづいて各社に競争入札させることが可能だ。

料金プランの事後設定を保証する機能もある。あるプランに契約してから三カ月後に、アドバイザー・システムによって別のプランのほうが顧客に適していることがわかったとしよう。その顧客は、さかのぼってそのプランに加入でき、払いすぎた分の料金の還付を受けられる。またこのシステムは、携帯電話の会社やプランに関係なく、顧客が最も得をするプランへ、顧客を自動的に加入させる仕組みを備えている（**図9**）。

このようなバーチャル・アドボケートは、市場シェアを確保したい企業や、新しい市場に参入したい企業にとって心強いツールになる。顧客から十分な信頼を得ていない既存企業は、このままでは顧客が他社へ乗り換えてしまうことに気づくはずだ。いずれ企業は、アドボカシー・プログラムの開発を通じて、通信分野全般（携帯、固定電話、ケーブルテレビ、インターネットなど）

図8 アドバイザーの選択

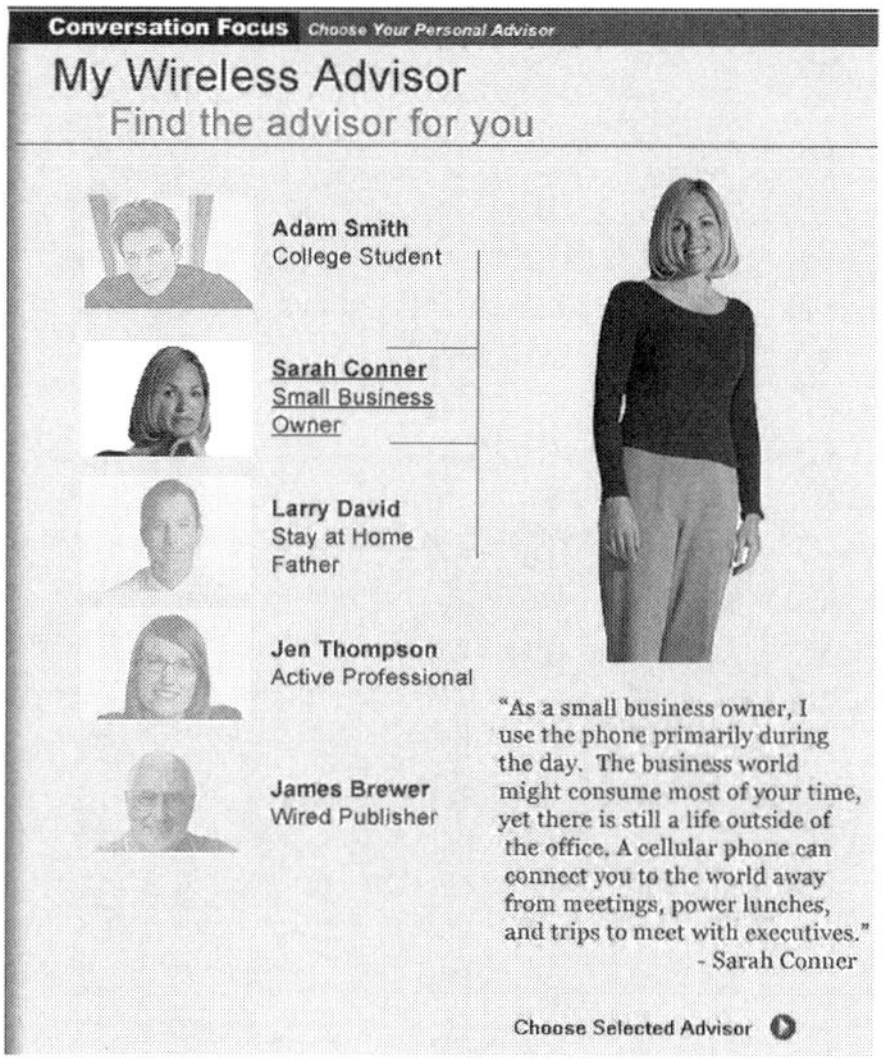

図9 アドボカシー・プログラム

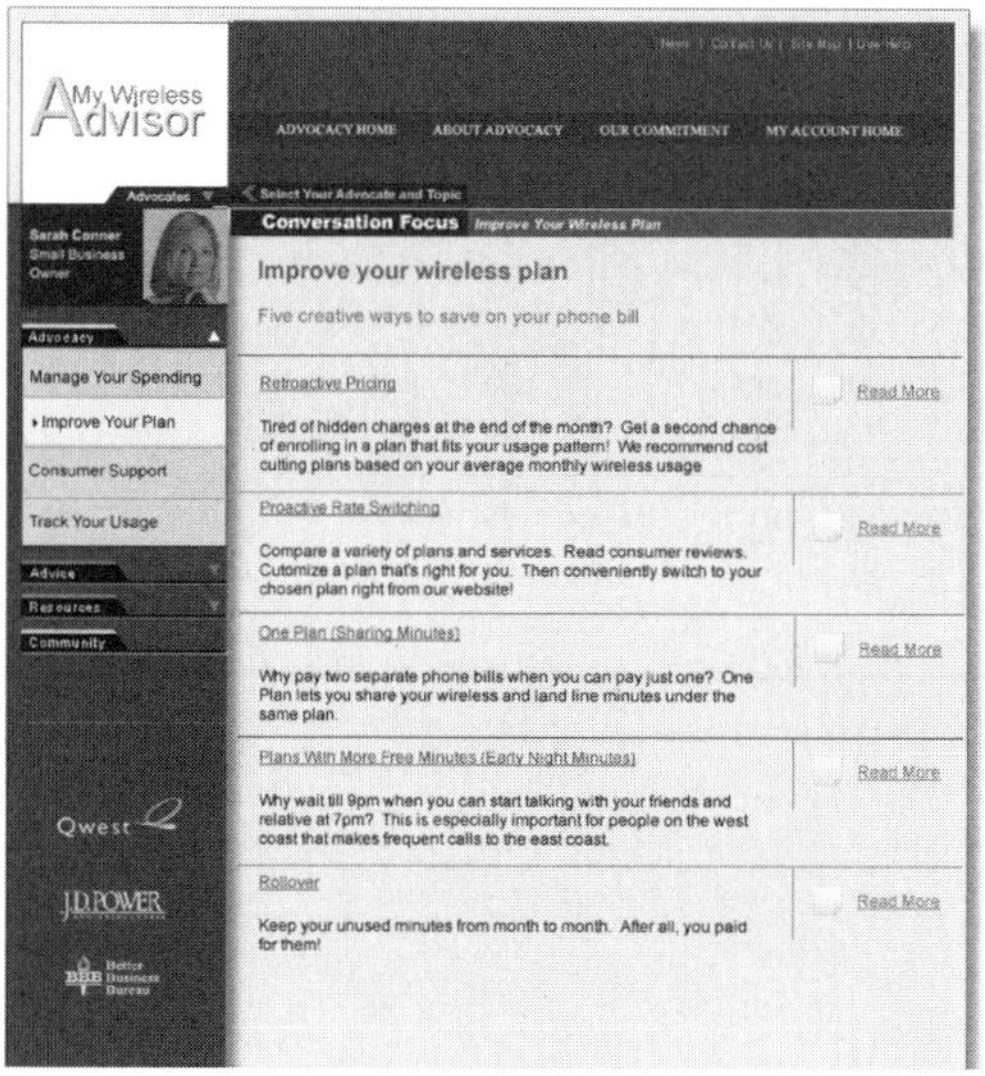

からニーズの把握が可能なシステムを設計するようになるだろう。

企業が顧客を本気で支援すれば、顧客は他の顧客にその企業を紹介することによって、また自分のニーズを明らかにして企業の新製品開発に協力することによって、企業を支援する。アドボカシー・ピラミッドの頂点では、このように企業と顧客の両方が利益を得られる関係が生まれるのだ。

マーケティングの潮流は、顧客との信頼関係を構築する方向へと向かっている。革新的な企業は本章で紹介したツールを既に活用しており、他の企業も顧客とのパートナーシップを求めて競争を始めている。今後も新しいツールが次々と登場するだろう。

このようなツールを用いる企業では、マーケティングや新製品の開発に使われる資産に関して、短期と長期の投資収益率の両立が可能になる。また、企業全体にアドボカシー戦略と長期的な信頼構築に向かう姿勢が浸透する。顧客から暴利をむさぼるのはやめ、顧客のために行動しようとするのだ。

しかし、この画期的なアプローチに疑問を寄せる向きも少なくない。アドボカシー戦略を機能させるには、経営トップのリーダーシップが欠かせないが、そのことを強調する前に、次章でさまざまな疑問に答えることにしよう。

chapter 8

本当に有効か?

まず、顧客に正直に情報を公開する。次に、自社の売上に直結するかどうかにかかわらず、顧客にとっての最高の利益を積極的に代弁する。

本書では、このようにかなり大胆な提案を行ってきた。インターネットの普及によって、カスタマー・パワーはますます増大しており、実例が多数あることも既に見てきたとおりである。この提案は、もはや「いいかもしれない」という思いつきのレベルではなく、不可欠のものになっている。

しかし、まだ多くの疑問が残っているだろう。

「アドボカシーは、概念としては魅力的だが、わが社や株主にとって本当に有効なのか」

「わが社は、本当に顧客を信頼できるだろうか」

「アドボカシー型のマーケティングが主流になれば、伝統的な宣伝やプロモーション活動はどうなるのか」

「アドボカシー戦略を適用できる範囲は、どれくらいだろうか」

私はここ数年、本書で述べてきたことを多くの経営者たちに話してきた。そして、たくさんの質問を受けている。本章では、アドボカシーに疑問を持つ人々の意見を紹介し、私自身の答えや反論を示すことにする。このQ&Aは、これまでの内容を振り返り、アドボカシーに対するあなた自身の考えをまとめる上で役立つだろう。

アドボカシー戦略は本当に有効か？

アドボカシー戦略を導入すれば、コストが一時的に上昇するし、四半期決算も調整しなくてはならなくなる。それでも、この戦略は本当に価値があるのだろうか？

競合他社の製品に関する情報を顧客に提供することで、コストが一時的に上昇するのは事実である。あなたの会社の製品が、顧客にとって最高の選択肢になるとは限らない。そのことに顧客や社員が気づけば、売上高もいくらか下がるだろう。それに製品の再設計や製品戦略の革新には、時間や資源が欠かせない。利益も減るかもしれない。

しかし長期的に見れば、どのような製品でもアドボカシー戦略によって売上を増やすことができる。顧客ロイヤルティの強化によって、市場シェアの拡大、マージンの増加、新規顧客の獲得コストの減少などの効果が生じる。長い目で見れば株主の見返りも増える。

問題は移行にかかる「時間」である。顧客の信頼を獲得するには時間がかかる。企業が偏りのない情報やアドバイスを提供するようになると、顧客は疑問を抱くか、当惑する。なにしろ顧客は、企業がこれまで怪しげな方法や強引な方法をあれこれ使って収益を上げてきたのを覚えている。顧客は疑い深いものだ。あなたの会社が急に情報の公開を始めたことに、何か裏があると思うかもしれない。

しかし、いずれは何人かの顧客が、あなたの会社が本気であることに気づく。彼らは、この新鮮な体験を共有したいと思い、他人に話す。長い目で見れば、一貫性のあるアドボカシー戦略によって顧客との信頼が築かれ、広告やプロモーションの費用は減る。そして顧客は、あなたの会社を支援するようになる。顧客ロイヤルティが、新製品のクロスセリングの機会を高め、既存製品の売上を底上げする。

だが、何らかの資源によって移行期をしのがなければならない。また、株主や金融市場とも綿密なコミュニケーションを取り、アドボカシー戦略をとることについて理解してもらう必要がある。そうしなければ、彼らは収益の減少に否定的な反応を示す。

アドボカシーは、長期的に株価を最大化させるための企業戦略の基礎である。したがって、もし企業がアドボカシー戦略への移行を望むなら、それは長い目で見れば「価値がある」と言えるのだ。

> 別の企業が最高の製品を販売しているため、わが社が常に首位を獲得できるとは限らない。このような状況で製品を公平に比較すれば、わが社は顧客を失うのではないか?

あなたの会社が市場のすべてのセグメントに対して常に最高の製品を提供することは不可能

だろう。しかし、特定のターゲット市場の顧客に、一貫して素晴らしい製品を提供することは可能だ。公平な比較に耐えうる製造ラインを確立した後であれば、競合製品に劣らない、もしくは、それ以上に優れた製品を作ることができるだろう。

もちろん、競合他社があなたの会社を追い越す可能性もある。デザインやポジショニングにおいて、新しい特徴やイノベーションを発見されることもありうるのだ。このような事態になれば、あなたの会社は速やかな対応によって競合他社の優位性に追いつかなくてはならない。だが、顧客の動きを常に観察し、顧客ニーズを「傾聴」していれば、頻繁に不利な状況に陥ることはない。

あなたの会社が既に顧客との間に強い関係を構築しているなら、「信頼貯金」があるはずだ。競合他社のある製品があなたの会社の製品よりも優れている場合には、顧客に正直に伝えるべきである。ただし、同レベル、あるいはより優れた製品を、あなたの会社がいつ用意できるかも同時に示すことだ。迅速に対応すれば、顧客は辛抱強く待ってくれる。顧客との関係は、一つの製品に限らない。この四半期だけで培われたものでもない。あなたの会社から長年にわたって、さまざまな製品を購買してきたことで築かれたのだ。あなたの会社は、そのような顧客のロイヤルティを獲得している。彼らは、あなたの会社との信頼関係を維持するために、妥当な時間であれば待ってくれるだろう。

だからこそ、他社よりも先に競合優位を獲得することを目指さなければならない。顧客のニーズや好みを察知した上で、それをもとに大胆なイノベーションに取り組むことも必要だ。アドボカシー戦略の成否は、効果的な新製品開発やイノベーションによって左右される。

あなたは顧客を信頼できるか？

顧客は、とにかく値段の安い製品を買いたがる。だから、わが社の製品の販売価格を調べあげ、一番安い値段で買おうとするだろう。

顧客は低価格を好む一方で、価値も求めている。あなたの会社がアドボカシー戦略をとり、彼らのニーズにかなった製品を作り、信頼関係を構築していれば、製品の品質と顧客ロイヤルティによって他社と差をつけることができる。不毛な価格競争からも逃れられるはずだ。

顧客が、より安い商品を見つけたり値引きを迫ったりしない限り、あなたの会社は希望小売価格で商品を販売できる。もちろん、あなたの会社の販売価格をインターネットで調べ、「これより安くしてくれるなら買いたい」と言うような顧客もいるかもしれない。一ドルでも安く買うために多くの時間を注ぎ、粘り強く値引き交渉をする買い手もいるだろう。このような買い手に値切られないように身を守らなくてはならない。

値切り好きの買い手は、二つのグループに分けられる。一つは、製品の質にかかわらず、ひたすら安く買うことを望むグループだ。市場にいるのがこの種の顧客ばかりなら、アドボカシー戦略はおそらく機能しない。だが、もう一つのグループは、値引きを望むと同時に、製品の質にも関心を持っている。このグループに対しては、アドボカシー戦略をとり、正当な価格設定と誠実なプロモーションを展開することで成果を得ることができる。

値引きの余地を残して最初にわざと高い価格を設定したりしてはならない。最初から正当な価格を設定し、よほどの理由がない限り値引きしてはいけないのだ。値引きが許されるのは、過剰在庫や、古くなった製品を急いで処分する必要がある場合に限られる。本当に必要な値下げであれば、顧客はよい反応を示す。さらに、あなたの会社を、納得できる価格で最高の製品を販売している会社として信頼するようになる。

わが社には、品質志向の買い手と価格重視の買い手がいる。アドボカシー戦略は、両方の顧客にリーチできるのだろうか？

あなたが一〇〇〇ドルを払って飛行機に乗ったのに、隣の乗客のチケットが二〇〇ドルだったとしたらどう思うだろうか。同じ製品・サービスに数種類の値段を設定すれば、そのことに気づいた顧客は反発し、信頼を得ることはできない。

あなたの会社に二種類の顧客がいる場合には、「品質重視」の顧客をターゲットにして、相応のマージンを乗せた高級品を作るべきである。その一方で、「価格だけ」で製品を判断する顧客には、その価格に見合う性能や品質基準の製品、あるいはアウトレット製品を廉価で販売すればよい。たとえばマーシャルズのような小売店や工場直売店では、そのような商品の価格をかなり引き下げている。品質と価格のバランスを維持しながら、価格重視の顧客をも惹きつけているのだ。

もう一つの方法は、二種類のブランド（高品質・高価格の製品と、低品質・低価格の製品）を提供することだ。バトラー・スティール・ビルディングは、「ワイドスパン」と呼ばれる高額の鉄骨プレハブ構造のビルと、「ランドマーク」と呼ばれる安いビーム構造のビルを提供している。そうすることで、価格重視と品質重視のセグメントのニーズを両方とも満たしているのだ。料金が異なっても、金額に見合った品質やサービスを得られれば、顧客は納得する。

アドボカシーのコンセプトは良いと思うが、わが社が価格競争に巻き込まれてしまえば、それどころではなくなるだろう。

現に価格競争が起こっている業界では、製品の価値に差異がなく、買い手は価格を購買の判断基準として用いる。この状況で、企業が過剰設備と高い固定費を背負っていれば、値段を限界まで下げてでも自社製品を売るしかない。これでは、アドボカシー戦略を実行しても効果がないかもしれない。

アメリカの航空会社は、価格競争を避けるのが難しいことに気づいている。飛行機の座席が多すぎる上に、コストが下がらないのだ。航空会社では、乗客の人数に関係なく飛行機を運航する。そのため座席当たりの限界費用はゼロに近い。したがって運賃を下げれば、サービス・レベルを落とすしかない。同じフライトの乗客でも、支払う料金が異なることも珍しくない。このような状況では、航空会社が顧客の信頼を得るのは難しい。運賃の違いやサービスの質の低さに対して、乗客が不満を抱くからだ。

マージンが低い上に、価格とサービスで「安かろう悪かろう」の悪循環が生じている業界では、他社と差別化されたサービスを提供することは困難だ。この状況を乗り越えるには、顧客を「他とは違った製品（価値）を望むグループ」と「価値ではなく価格にこだわるグループ」に分けるしかない。たとえばチャーター便は、機体の部分所有や一回限りのチャーターによって、大手航空会社から最高クラスの乗客層を奪っている。

アメリカの自動車会社も価格競争を脱しようとしている。GMは熾烈な競争と過剰供給のなか、頭金と金利なしのローンで積極的に販売している。それと同時に、製品のイノベーションによって、この状況を脱しようと試みている。アドボカシーは、イノベーションの機会を明らかにする上で役に立つ。そして、イノベーションによって顧客の希望どおりの特別車を提供できれば、値引きの必要はない。

長期にわたってコスト面での優位を維持している企業でなければ、価格競争からは何も得られない。アドボカシー戦略は、製品の品質、イノベーション、差別化に焦点を当てることによって、価格競争をうまく避ける効果的なアプローチである。

顧客主導の時代における宣伝活動の役割とは？

インターネットは、ユーザー自身の情報収集能力を強化した。もはや企業による宣伝・プロモーション活動は無意味なのか？

宣伝・プロモーション活動は、今後もマーケティングにおいて重要な役割を果たすだろう。企業は顧客に対して、製品が改善したことを知らせなければならない。多種多様なニーズを満たす製品が完成したときには、その特徴を顧客に認めてもらうことも必要だ。

しかし今後は、従来使われてきたメディアに巨額の資金を投じる必要はなくなる。これまではテレビや印刷広告が、製品の認知度を少しでも高めるために使われてきた。しかし、顧客が比較情報を使って購買意思決定を行う場合には、そのような広告への支出は、あまり効果を生まない。

BMWは、自社サイトでショート・ムービーを公開し、自社の車のスピードの速さや性能の高さを示した。同社は、製造、設計に資金を投じただけで、宣伝費を使っていないが、このムービーには多くの視聴者がいる。

またホンダは、一〇〇万ドルを使って、三分間の動画をオンライン向けに製作した。その動画では、アコードの部品が組み立てられていく様子が、彫刻のように表現されている。この動画がインターネットで公開されると、クチコミであっという間に話題になった。また、動画を公開しているサイトのアドレスもEメールなどのネットワークを通じて広まった。

この種の宣伝活動は、従来のテレビでの宣伝よりも大きな効果をもたらす。また、新たなメディアの利用が進めば進むほど既存メディアを見る人は減少するため、テレビなどへの広告支出は減少していく。テレビ各社が収益維持のため広告料を上げれば、さらに利用は減るだろう。

総じて従来型の宣伝・プロモーション活動の費用対効果は低下していくと考えられる。顧客が「バーチャル・アドバイザー」の提供する客観的な情報や、顧客同士のクチコミに頼るようになるからだ。また、製品開発、サービス、インターネットによる顧客の意思決定支援に現在以上に多くの資源を投入するためには、宣伝活動の資金を減らさざるをえない。

媒体をインターネットに絞っても、十分な宣伝・プロモーションが可能か？

綿密なターゲティングをした上で宣伝活動を行う企業は、現在より適切な情報を提供できるだろう。これは宣伝費の支出を抑える大きな要因である。グーグルのようなサーチエンジンの広告は、検索用語に応じて表示されるため効率的だ。顧客の購買決定に有益な情報を提供すれば、広告の効果はさらに高まる。

インターネットでは、ポップアップなどの新しい広告形態が次々に生まれている。動画の広告も珍しくなくなった。しかし、このような最新の広告は邪魔になることが多く、顧客に嫌われている。顧客がメーカーの広告にいらだちを感じるなら、信頼関係の構築は望めない。
今後、顧客の情報収集力はさらに強まる。媒体の違いにかかわらず、企業は顧客の役に立ちそうな価値のある情報を提供することに努めなければならない。

顧客同士で意見を共有しても、不正確で偏りのある評価になるだけだ。結局は顧客にとってメリットはない。

確かに、顧客による情報共有は、特定の方向に偏る危険性がある。アマゾンのブック・レビューでは、著者の友人が好意的なレビューを投稿することで意図的に評価を上げることができる。もちろん競合他社が否定的な情報を流せば、逆の影響を及ぼすこともありうる。また、次のように公言するPR会社もある。「わが社で雇った〈サクラ〉をインターネットに潜入させ、オンラインでの評価やチャットルームの会話に影響を及ぼすことで、狙いどおりの効果が得られます」。こうした行為が評価をねじ曲げてしまうことは明らかだ。
だが幸いなことに、顧客はこの種の偽の情報を信用していない。情報の偏りを解決する最高の方法は、イーベイのような一連の手続きを整備することだ。そうすれば、顧客は肯定、否定の評価に加えて、個別のコメントも見ることができる。売り手は自分に対する否定的な情報に間違いがあれば、抗議や反論を行える。この民主的な手続きは、信頼に値するクチコミ情報を生み出し、コミュニティをうまく機能させるための鍵でもある。

レビューを書き込んだ人への評価を行うという手もある。たとえばイーピニオンズは、常に質の高いレビューを書き込む消費者を「トップ・レビュアー」として評価することで、偏りや何らかの思惑が見られるレビューをサイトから事実上排除している。

今後は、さらに体系立ったオンライン・コミュニティの確立や運営ルールの共有も進むだろう。そうなれば、〈サクラ〉や虚偽情報の氾濫する無法状態のチャットルームは顧客の意思決定への影響力や信頼性を失っていくはずだ。

どの業界でも採用できるか？

アドボカシー戦略で実際に効果が得られるのは、少数の複雑な製品カテゴリーに対してだけなのではないか？

確かに、アドボカシー戦略による効果が最も高いのは、複雑な製品カテゴリーにおいてである。顧客が誤った購買決定をした場合の損失が大きいからだ。この場合には、公平な情報公開やアドバイスが大いに役立つ。たとえば自動車、コンピュータ、家電業界などでは、アドボカシー戦略を無理なく採用できる。

しかし、現実にこの戦略を採用している業界は、それだけにとどまらない。本書で適用例を紹介したように、旅行、医療、金融、不動産、オンライン直販、電話、自動車、建機、プラスチック素材など、さまざまな業界に及ぶ。

アドボカシー戦略はアメリカでだけ有効なのだろうか。それとも、海外の市場でも活用できるのか？

信頼やアドボカシーを重視する傾向は、アメリカに限らない。これは世界的な現象と言える。アメリカのインターネットの普及率は高いが、ヨーロッパやラテンアメリカ、アジア諸国も同じくらい高い。そのため、これらの国々でもマーケティング・パラダイムの変化は確実に起こりつつある。

現にヨーロッパでは、メーカーやディーラー、購買サービス業者が、自動車販売に関する多くのサイトを運営している。製品の比較情報やアドバイスのほか、購入に関する貴重な情報を提供しているサイトもある。金融機関のサイトもグローバルに展開している。

アジア諸国は、携帯電話によるインターネット利用において世界の先を行っている。たとえば日本では、NTTドコモが携帯電話によるオンライン・ショッピングを普及させた。携帯情報端末や携帯電話からもインターネットへのアクセスが可能だ。

今後さらにインターネットが普及すれば、カスタマー・パワーもさらに高まる。したがって、信頼関係の必要性も、アドボカシー戦略の効果も、世界中で生じるはずだ。

わが社の業界には、顧客と好ましい関係を維持している企業が存在しない。それでも、信頼関係の構築は得策なのだろうか?

信頼とアドボカシーには深い関連がある。しかし、適切な信頼の程度は、業種や国によって異なる。第6章で紹介した評価手法を使えば、あなたの会社や製品におけるアドボカシー戦略の適性を調べることが可能だ。

企業に対する顧客の不信感が根強い業界では、顧客との敵対関係の悪循環を壊すための長期戦略の一環として、アドボカシー戦略は意義を持つ。顧客と企業が敵対関係にある理由を理解すれば、関係改善や顧客ロイヤルティの向上ばかりか、強力なクチコミ・マーケティングの活用への道が開かれるのだ。

デルやサウスウエスト航空は、アドボカシー戦略を使わなくても、非常に大きな成功を収めている。これらの企業がアドボカシー戦略を使わないのはなぜか?

デルは、従来型のマーケティング手法によって大きな成功を収めている。テレビなどのメディア、年間五〇〇〇万通以上のカタログ、インターネットなどを使って、積極的に自社製品の値下げを宣伝している。同社は顧客に対して、めったにアドバイスを提供しない。自社と他社の製品を直接比較することもない。ただデルは、非常に安い値段で最新のコンピュータ技術を提供している。そのため、さまざまなサイトを検索した顧客は、結局は同社の製品を選ぶのだ。これは優れた戦略だ。デルが顧客に信頼されているのは、約束通りの品質を顧客に提供し続けているからだと言えよう。

しかし、同社がアドボカシー戦略を導入すれば、さらに大きな成果をあげられるだろう。コンピュータシステムは、ますます複雑になっている。デル独自のBTOは、コンピュータに精通している買い手には有効だ。しかし、市場の成熟によって、コンピュータに詳しくない顧客が増え、その多くは購買プロセスに戸惑っている。おそらく、自分のニーズを満たす機種を購入できていない顧客や、機種を決められずに購入を先送りしている顧客もいるだろう。デルでも、顧客のニーズに応えられるバーチャル・アドバイザーを用意すれば、成熟市場でさらに売上を伸ばせるはずだ。価格の安さは大切だが、それだけでは、自分のシステムをアップグレードしたいと思っている大半の新規ユーザー層から信頼を勝ち取ることはできない。

また、デルの販売活動は、もっぱら製品に限定されている。ところが現実には、次のような疑問に対するソリューションを求める顧客が増え続けている。

「どうすればブロードバンドでインターネットに接続できるのか」

「プリンタで写真を印刷するにはどうすればよいか」

「私のパソコンから電話をかけられるのか」

「テレビやラジオ、ステレオ、ゲームを一つのパソコンで楽しむには、どうすればいいのか」

デルがこれらの疑問に対するソリューションを提供することは、成長のための大きなチャンスになるだろう。

デルのブランドは、パソコン業界で既に大きな信頼を得ている。だからこそ、この信頼基盤を活用すれば、さまざまな製品に関わるソリューションを求める顧客との関係を広げられるはずだ。同社は、成長や利益増加への新たな道を切り開くことができる。

サウスウエスト航空も、成功している企業の一例に数えられる。同社は、旅行会社にフライトスケジュールを公表していない。そのため乗客は、同社に電話をかけないと、スケジュールの確認もチケットの予約もできない。これは統一性と効率性を優先したビジネスモデルである。だが同社は、サービスの質の高さによって、アドボカシー・ピラミッドの頂上に到達している。

「最高の質」とまでは言えなくても、常に約束通りのサービスを提供しているのだ。おまけに運賃も安い。顧客満足度は高く、ロイヤルティが非常に高い乗客もいる。

このようなサウスウエスト航空には、デル社と同様、信頼とアドボカシーの強化が、さらなる成長のための有効な施策となる。旅行会社や自社のウェブサイトで他社との比較情報を提供すれば、新規顧客をさらに増やせるだろう。その上で一貫したサービス品質と価値を提供することで、乗客を「優良顧客」へと変えられるかもしれない。サウスウエスト航空が航路を拡大していることを考えれば、アドボカシー戦略により初期コストが膨らんだとしても、成長や収益を維持できるだろう。さらに、他社が真似るほど充実したサービスを提供することもありうる。つまり、同社はアドボカシー戦略によって、アメリカの航空旅行業界における優位性をフルに生かすことができるのだ。

したがって、アドボカシー戦略は、既に成功を収めている企業にとっても有効な選択肢である。デルもサウスウエスト航空も、アドボカシー戦略をとれば、現在よりさらに大きく成長できるだろう。

アドボカシー戦略が役に立つのは、民間企業だけなのか?

いや、そうではない。アドボカシーの理論や哲学は、非営利団体や行政機関にも活用できる。

たとえば公共の医療サービスでは、情報やアドバイスを提供できれば患者の満足度は上昇する。「医療費の還付を申請するには、どうすればいいのか」「必要なときに、必要な医療情報を手に入れるにはどうすればいいのか」「どの病院へ行けばいいのか」「私の健康状態を改善するためのアドバイスがほしい」……。的確なアドバイスや情報提供システムを使えば、患者からのこのような質問に回答できる。

「顧客」である患者は、非営利団体や行政機関に対しても、私企業と同じことを求めている。つまり、公平で偏りのない情報の開示だ。インテルでは、社員からの質問（転居時の手続き、医療プランの選択、401k退職貯蓄など）に答えるため、社内にもバーチャル・アドバイザーを導入した。行政機関でも、同じことができるだろう。

当然ながら、企業と行政機関には違いもある。そもそも、行政機関の主な目的は、利益の追求ではない。それでも、サービスの質、受益者の満足度、彼らとの良好な関係が重要であることは言うまでもない。地域開発では、住民との良好な関係がなければ、協力して問題解決にあたることができない。これは、教育や法の領域でも変わらない。そこでも、当事者が尊重し合うようになれば、安全で安心できるような環境を提供しやすくなる。

アメリカには既に「バーチャル・アドボケート」システムを提供している行政サービスもある。たとえばIRS（内国歳入庁、アメリカ政府の税徴収機関）は、「納税者向けアドボケート・サービス」を無料で提供している。複雑な税体系や税法の改正などによって生じる納税者の不安を、このサービスは効果的に解決している。★1

★1　www.irsl.gov/advocate/

顧客との信頼関係を構築し、アドボカシー戦略を展開する。この考え方は、さまざまな製品、業界、国、企業、非営利団体に広く適用できる。いずれの場合でも、もちろん、この戦略は万人向けではないかもしれないし、状況によって導入の度合いも異なるだろう。しかし、今後ますます多くの組織が、アドボカシー戦略こそが「成功への道」であることを認識するに違いない。

本当に「パラダイムシフト」と言えるのか？

わが社は現に顧客支援サービスを数多く実施している。アドボカシー戦略の、いったいどこが新しいのか？

これまで述べてきた概念（TQM、顧客満足、リレーションシップ・マーケティング）は、既によく使われている。しかしアドボカシー戦略は、顧客主体の企業戦略を発展させるための次のステップに当たる。インターネットは顧客に新しいパワーをもたらした。企業がこの新しい状況に対応するには、古い手法を見直さなくてはならない。CRMについて言えば、プロモーション・ツールとしての位置づけを信頼構築ツールへと変えることで、「理想のCRM」を実現することが必要だ。

企業がアドボカシー・ピラミッドの頂点に達するのは、競合他社と公平な条件で製品を積極的に比較し、顧客の利益につながるような提案を実現できたときである。バーチャル・アドバイザーだけでなく、市場テストを通じた継続的な情報収集、顧客の意見の「傾聴」による品質の向上、「バーチャル・アドボケート」など、アドボカシー・ツールは多種多様だ。またアドボカシーは、「カスタマー・パワーの増大」という新しい現実に応じた新しい哲学である。この哲学は、透明性、アドバイス、競合製品の比較を基本としているため、宣伝やプロモーション費の節約にもつながるだろう。

アドボカシーを、TQM、顧客満足、リレーションシップ・マーケティングの促進のための、既存の手法の発展形と考えることも可能だ。しかし多くの企業には、非常に斬新な戦略に映るだろう。

「リレーションシップだけでは駄目だ。アドボカシーを！（Don't just relate. Advocate!）」

これが本書のメッセージである。

マーケティングの分野では、新しい考え方が生まれては消えて行く。定着するのは何度も試された本物の手法だけだ。アドボカシーも、単なる流行ではないだろうか?

アドボカシーが革命的な戦略であれば、あっという間に去っていく危険性もある。経営革新の歴史は、次のようなサイクルを示している。まず、新しい考え方が登場し、成果を約束する。しかし、その約束は誇張されがちであるため、たとえ結果が良くても、最初の期待ほどではない。やがて、その考え方は否定される。もともと無理だった約束を実行できなかったからだ。

経営者は往々にして、どのような問題にも効果があり、すぐに成功に導いてくれるような特効薬を探している。市場の成長性と自社の市場シェアの関係を示すボストン・コンサルティング・グループの有名なPPMのマトリックスはその一例である。このマトリックスでは、市場成長率・市場シェアの両方が高い事業を「花形」、どちらも低い事業を「負け犬」と呼んでいる。また、市場シェアが高い割に成長率の低い事業は「問題児」、成長率が高くて市場シェアの低い事業は「金のなる木」と呼ばれる。「金のなる木」からキャッシュを引き出し、その資金を「問題児」に投じることで、「問題児」を「花形」に変える。さらに、「負け犬」を撤退させる一方で、「花形」を維持するという理論だ。

一九八〇年代には大多数の企業がPPMを使っていたが、今ではほとんど使われていない。製造ライン全体でキャッシュフローを管理する長期的なメリットを証明することが難しくなったからだ。そのため、短期的な利益の上昇が見られなくなった時点で、多くの企業はこのマトリックスの採用をやめてしまった。次に流行ったのは「選択と集中」、「コア・コンピタンス」というマネジメント理論だ。これはPPMの意図した多角化とは正反対の概念だった。

過剰な約束とその結果としての裏切りという悪循環は、企業経営にとって好ましいものではない。必要なのは、約束通りの成果を達成することだ。成果をあげることは容易ではない。また、成果はすぐに出るものではない。このことを企業は理解しなければならない。時間をかけて知識の土台を固めてから、基本の概念を織り込むことが望ましい。

顧客ロイヤルティの向上、クロスセリングの機会の拡大、長期的な利益成長、マーケティングコストの低下、そして利益の増加。このように、アドボカシー戦略には多くのメリットがある。しかし、これらの便益を実現するには、戦略立案や導入プロセスの入念な組み立て、測定、調整が欠かせない。アドボカシーを成功させるには、時間と資源に加えて、継続的な改善を目指す姿勢も必要だ。達成目標が正しく設定され、長期的な利益を受けられれば、アドボカシー戦略は「パラダイムシフト」となるだろう。

従来型のマーケティングの概念は、ほとんどの経営者の心に刻み込まれている。経営者は、顧客に対する姿勢や、顧客と企業の関係をめぐる考え方を簡単には変えられない。変えるにしても、長い時間がかかるだろう。アドボカシー戦略が主流になり、従来のプッシュ・プル戦略が珍しくなるまでには、おそらく十年はかかりそうだ。しかし、先見の明がある企業は、その間に率先してアドボカシー戦略を取り入れるだろう。伝統的な企業も、市場の主導権は顧客にあるという現実を認識し、パラダイムシフトに乗り遅れないことが重要である。

アドボカシー戦略が有効であれば、他社も採用するはずだ。そして今度は、顧客からの信頼という次元で競争が生じるだろう。そうなれば、わが社は競争優位を失うばかりか、スタートラインに戻ってしまう。

アドボカシー戦略が有効であるなら、企業は「信頼構築」という次元で競争を始めるだろう。競争から抜け出す道はないし、ないほうが望ましい。利益は、素早く行動できる革新的な企業へと集まるものだ。タイミングも重要だ。だからこそ、あなたの会社が、業界で最初にアドボカシー戦略を活用することが大切なのである。さらに、戦略を有効に活用する方法を、他社に先んじて身に付けなくてはならない。

この競争では、先駆者の得られる利益が非常に大きくなる可能性がある。先発企業が顧客の信頼を獲得し、その信頼を失わないように努力すれば、競合他社がどれほど説得しても、顧客を奪うことは困難だ。

もちろん、競争優位の構築にはイノベーションが鍵になる。だからこそ、アドボカシー戦略を採用するべきだ。それによって顧客ニーズと技術を結び付けながら、成功する新製品を開発することこそ成功への道である。

競合他社の一つが、顧客の信頼を既に獲得しようとしている。わが社はどうすればいいのか?

競合他社を上回る信頼を獲得するのは難しい。顧客は、信頼できる企業の存在に気づけば、友人知人にそのことを話し、競合他社には近付かなくなる。顧客の信頼度が低い企業は、市場における無風地帯で値下げ攻勢をかけたり、二流の商品を三流の顧客に売ったりすることで、何とか生き残りを図るほかない。

それが嫌なら他社と同じように信頼を追求するしかないが、既に業界で最高の信頼を得ている企業に追い付くのは不可能だ。その場合には二番手を目指そう。その名誉を他の競合他社に奪われるよりはましだ。信頼の構築を通じて、アドボカシー戦略に移行する企業が増えている業界では、顧客に信頼されない企業の居場所は、いずれまったくなくなるに違いない。

わが社もアドボカシー戦略を導入したい。この新しいパラダイムへ移行するには、具体的にどうすればよいのか?

この疑問は、大企業のCEOから出されたものだ。この重要な問いに答えるには長い議論が必要になる。

そこで次章では、アドボカシー戦略を成功させるために、ＣＥＯや経営陣が、社内の企業風土をどのように変えるべきかを論じる。

chapter 9

成功への青写真

「わが社でもアドボカシー戦略を導入したい。この新しいパラダイムへ移行するには、具体的にどうすればよいのか」

これは前章の最後に紹介したCEOからの質問だ。本章では、企業のリーダーの役割を中心に、この質問に答えよう。本書を読んでいるあなたは、企業を動かす経営陣の一員のつもりで考えてほしい。必ずしもCEOである必要はない。組織における「変革推進者」は、往々にして組織図のあちこちに散らばっているものだ。ここでは、あなたを変革推進者と想定した上で、アドボカシー戦略の成功に必要なことを提示する。

まずは顧客の立場で自社の製品・サービスを考えてみることだ。カスタマー・パワーをあなた自身が感じてみるのである。そして、カスタマー・パワーについての認識が社内に浸透するように企業文化を変えなければならない。

これは一筋縄ではいかない仕事だ。あなたは五十年もの間に培われた、P理論にもとづく企業のメンタル・モデルを変えなくてはならない。組織のあり方を変えるには、社員の適正な配置に加えて、達成度の測定やインセンティブの付与も必要だ。

欠かせないのは、ビジョンと勇気、そして熱意だ。経営陣は自社におけるアドボカシー戦略の先頭に立たなければならない。

顧客の立場で考える

アドボカシー戦略を導入する際にまず必要なのは、顧客の立場に立ってみることだ。顧客と同じように行動したり、購買のプロセスを考えたりしながら、彼らが感じているのと同じような緊張感や失望、いら立ちを覚えることだ。顧客の考え、直面する問題、商品の購買過程、情報の集め方を、顧客から学ばなければならない。

顧客の決定を体験する

会社の外へ出て、実際に自分で自社の製品を買ってみるといい。驚いたことに、自分で自社の商品を買ったことのない経営者は多い。アメリカの自動車業界では、一般の消費者と同じ方法で自社製の車を買う経営者がほとんどいない。社員割引が使えるからだ。社員であることを隠しながら、ディーラーに相談する経営者もいない。ましてや、実際にショールームに行って、競合他社の車に試乗してみることなど皆無に近い。

航空会社の経営者も同じだ。自分で運賃を比べた上で、チケットを予約することなどない。電話の向こうでいらいらしながら担当者を待つこともなく、ファーストクラスで旅行する。これでは、顧客の思いを実感することはできない。最低運賃で乗るために努力し、エコノミークラスに乗ってみるべきだ。

あなたが携帯電話会社にいるのであれば、いくつものプランを比較、検討した上で、契約までの手続きを実際に体験することだ。疑問に思ったことを質問してみる。自分で毎月、通話料を払ってみる。請求書を受け取ったときの驚きや、予想外の課金への怒りも経験するといい。金融業界にいるのなら、自分の口座を開設し、自分で株の売買を行ってみる。そして、インターネット、電話販売、ブローカー、店舗での対応が一貫していることを確認してみる。一般消費財関連の企業なら、毎週スーパーで買い物をするべきだ。そして、友人の情報やクチコミの価値、コミュニティの役割について考えるのである。

自分で体験したことを整理するために、行動日記をつけるといい。そして日記を読み返しながら、次のことを考えてもらいたい。

「このとき、私はどのような体験をしたかったのか」
「私はどのような情報を求めていたのか」
「私は顧客として、どのように扱ってもらいたいのか」
「どうすれば、今よりもっと早く、もっといい結論を出せるのか」

購入した商品を使うたびに日記に記録するといい。サービスを受けたとき、自動電話応答システムを使ったとき、商品に問題があったとき。このような場合の体験やいら立ちも書き込んでおく。購入から利用に至るすべてのサイクルを体験するのである。

あらゆる市場セグメントの顧客を理解する

あなた自身による購買決定プロセスの調査から学べることは多いが、危険も伴う。確かに、顧客の痛みやパワーを理解する上では重要だが、あなたは典型的な顧客ではないからだ。そのため、市場のあらゆるセグメントでの顧客の購買決定プロセスを観察し、理解することが必要である。

「フォーカスグループ」という手法は、定性的な問題を理解し、さらに形式的な市場調査の質問を作る上で役に立つ。五つ程度のフォーカスグループを作り、マジックミラーの向こうで数時間にわたって、その行動を観察するといい。旅行業界であれば、自分より運賃の安い乗客がいることを知った乗客の怒りがわかるだろう。自動車業界の顧客であれば、良心的なディーラーに顧客がどのように報いているかを聞けるだろう。証券業界では、自分の担当者を心から信頼している顧客に出会うだろう。そして、この信頼が築かれた経緯を学ぶのである。

おそらくどの業界でも、あなたは自社に対する信頼度の低さに驚かされるはずだ。ほとんどの顧客は、あなたの会社に対するロイヤルティを持っていない。あなたはその理由を見つけ出さなくてはならない。他社にロイヤルティを持つ顧客は、あなたの会社に必要なアドボカシー戦略の導入方法について、多くの教訓を与えてくれる。

定量的な市場調査を活用する

市場調査による定量的な情報を集めれば、購買決定プロセスの実状や、顧客が望んでいることを理解できる。定量調査の目的は顧客の動機を知ることにある。自由回答で詳しいコメントを集めることも可能だ。場合によっては、信頼の構成要素に関する評価指標を調査に盛り込むこともできるだろう。必要なのは、全体の信頼度と信頼を構成する個々の要素に関する、他社との比較を踏まえた顧客の評価である。

もっとも、市場調査は実体験にまさるものではない。自分の体験や観察を通して顧客の立場を知ることのほうが重要であることを忘れてはならない。

企業文化を変える

五十年の歴史を持つプッシュ・プル戦略によって、企業内には顧客像やマーケティングに関する固定観念が染み付いている。これが「企業文化」だ。固定観念はあらゆる企業に見られる。明文化された、あるいは暗黙の了解として定着した固定観念に沿って、企業は脅威や機会に対応するのである。

ここで言う「文化」とは、長年の企業活動を通じて組織が学んできたことを集約したものだ。エド・シェインはこれを「組織のＤＮＡ」と名付けた。[★1] 組織が成長すればするほど、多くの

★1 Schein, Edgar H. "Three Cultures of Management: The Key to Organizational Learning." *Sloan Management Review*. Fall 1996, pp.9-20.

文化が培われ、それは組織に深く刻み込まれて簡単に変えられなくなる——だが、これを変えなければならない。

組織は一つの文化を共有するだけではない。その文化を構成する複数のサブカルチャー（組織内の特定集団が持つ文化）が存在する。サブカルチャー間での対立が生じることもある。たとえば製造業では、営業部門と製造部門の対立がよく見られる。

企業文化をアドボカシー型に変革するには、企業全体としてのメンタル・モデルを修正し、それを企業内のあらゆるサブカルチャーに浸透させなければならない。まずは組織的な文化の範囲を図式化することで、修正を要する問題を整理するといい。★2

表1（次頁）は、企業の部門・役職レベルで見られるサブカルチャーの典型例（その目的や行動特性、根底にある考え方）と、それをどう変革するべきかを整理したものだ。

この表を見れば、さまざまな考え方があることがわかる。マーケティング部門は、目標の達成に必要なことなら何でもすることによって、顧客に影響を与えている。製造部門は、コストをできるだけ下げようとしている。財務部門は、短期で収支を合わせようとしている。人事部門は、組織を効率よく運営しようとしている。そして経営陣は、ビジョンを立てたうえで、それをもとに自社を運営しようとしている。このような活動が的確とは限らない。相反する目標の存在は、社内に問題を引き起こす。

しかし、ここで重要なのは「誰が顧客を支援しようとしているのか」と尋ねることだ。表の左側に示した典型的なサブカルチャーにおいては、誰一人としていない。

★2　マッピングと診断例は、Schein, Edgar H., *DEC Is Dead, Long Live DEC* (San Francisco: Berrett-Koehler Publishers, Inc., 2003) を参照。

	従来の典型例		アドボカシー戦略
製造部門	受注し、生産する。コストを低く抑える。最高品質を目指す。安全な製品を作る。効率性を改善する。製造ラインを止めない。	▶	最高品質の製品を作る。すべてのバリューチェーンにおいて総合品質管理を行う。
エンジニアリング・R&D部門	デザインが重要だ。問題を解決できる最高のデザインを作る。コストを優先しない。専門が同じ同僚から認められたい。顧客は自分自身のニーズを理解していない。	▶	顧客とともに製品を開発する。顧客ニーズに合った製品を作る。解決策を幅広く提供する。将来を予見する主要なユーザーを信頼する。
人事部門	優秀な人材を雇う。効率的な研修を実施する。効率の良いシステムを作る。年間の成果に対して昇進や報酬を与える。社員のモチベーションを高める。	▶	社員に対して、アドボカシーの研修を実施する。長期的なロイヤルティや信頼にもとづいて、報酬を与える。社員にも信頼にもとづく福利厚生を提供する。社員同士の良好な関係を築く。社員の考え方をアドボカシー型に変える。
財務部門	自社の財務状態を正確に予測する。金融市場の期待に答える。無駄を省く。正確な会計処理を行う。会計検査を無事に終える。健全な財政状態を保つ。	▶	長期の経営指標を見る。長期的な視点で市場予測をする。短期コストが上昇しても、アドボカシーに投資する。信頼、ロイヤルティ、リレーションシップの強化にもとづいて、自社の活動を調整する。
経営幹部	四半期決算を実施する。競争に勝つ。危機を避ける。わかりやすいビジョンを掲げる。自分は現場の情報を十分に知らない。マーケティングの成否は宣伝とプロモーションで決まる。	▶	「アドボカシー」を企業ミッションの中心に置く。売上や利益の長期的な成長に焦点を当てる。顧客とのパートナーシップ形成を視野に入れたビジョンを策定する。

表1 企業のサブカルチャー

	従来の典型例	アドボカシー戦略
広報・プロモーション部門	創造性を発揮する。広告の賞を取る。顧客心理のポジショニングによって、違いのあるブランドを作る。広告支出を増やす。顧客の態度を変える。顧客に影響を与え、顧客を説得し、自社の商品を買わせる。	透明性を高め、正直で誠実な態度を取る。コミュニケーションを「単なる認知と知覚のプロセス」ではなく、「購買決定プロセス全般を支えるもの」と考える。製品を使い終えた顧客に対しても前向きな態度を取る。
営業部門	売上を上げる。契約を結ぶために必要なことなら何でもする。粘り強く行動する。顧客の決定を促す（顧客への訪問、興味の喚起、提案、予算の考慮、コミットメント）。常にプレッシャーをかける。	ソリューション（解決策）を販売する。長期的な関係を構築する。ニーズを満たす。新製品を売り出す機会を見つける。
ブランド・マネジャー	年間計画を立て、その計画を達成する。新しいプロモーションを考案する。ブランドのために多くの予算を獲得する。製造ラインを拡大する。市場シェアを増やす。	アドボカシー戦略のリーダーになる。顧客を成功に導く。顧客の意思決定に役立ちそうなシステムを全社的に開発する。変化する顧客ニーズに対応する計画を立てる。
新製品開発マネジャー	新しいことをする。新製品を開発する。製造ラインを拡大する。製品を迅速に市場へ投入する。まったく新しい製品を開発するには多大なリスクと時間がかかる。顧客は市場に出る前の新製品の価値を判断できないから、過度な市場調査は無意味である。	ニーズや解決策を明確にするために、顧客と協力する。主要なユーザーを探す。本当の意味で新しい製品を作る。顧客との関係を補うための多様な製品を作る。
サービス部門	顧客を喜ばせる。ただし、コストを予算内に抑え、返品率を減らす。不正な顧客が得をしないようにする。利益につながるサービスを提供する。	常に約束を守る。サービスコストの増加を長期的なロイヤルティで補う。永続的な顧客満足を実現する。

「我々は顧客を説得しなければならない」
「我々は契約を結ぶために必要なことなら何でもする」
「新しいプロモーションを考え出さなくてはならない」
「顧客が新製品を判断できるのは、その製品が市場に出てからだ」
「我々はサービスのコストを抑制しながら、返品を抑える必要がある」
「無駄を省かなくてはならない」
「顧客は自分自身のニーズを知らない」
「今年の成果に応じて、社員を昇進させなければならない」
「コストを切り詰めるべきだ」
「マーケティングの成否は、宣伝活動やプロモーションで決まる」

このような考え方は、アドボカシーの考え方と対立するものである。部門によって違いはあるものの、いずれも短期的な経営指標の向上を目指すプッシュ・プル型のメンタル・モデルを反映している。こうした現状診断を踏まえて、個々のサブカルチャーがどのように変わるべきかを表の右側に書いている。ここに示した行動や態度を加えることで、文化に大きな影響を与えることが必要だ。

このような新しい考え方を中心に企業のサブカルチャーを再構築することは容易ではない。

根本的な変化を受け入れるには、どの社員も寛大で謙虚になることが必要だ。サブカルチャーとは独立国のようなものである。それぞれの違いを理解し合うのは難しい。ここで必要なのは、いわゆる「異文化問題」の解決なのだと考えてみてほしい。あなたの会社では、サブカルチャーの違いを理解した上で、それらを変えていかなくてはならない。

しかし、もっと重要なのは、企業全体に共通する世界観を構築することである。すべての社員が、主要な前提やルールを共有するようにしなくてはならない。

あなたの企業では、どのようにして社内の文化を変えられるだろうか。声明文を壁に掲げれば組織は変わると考えるのは単純すぎる。成功するには、経営トップのリーダーシップが何よりも必要だ。CEOは、アドボカシーの考え方を支持し、実行しなくてはならない。アドボカシーを理解する社員を集めて推進チームを組織し、彼らを社内ヒエラルキーのあちこちに配置することも欠かせない。このチームのメンバーが定期的に顔を合わせて現状を評価し、変革のイニシアティブをとっていかなければならない。

また、短期利益と長期利益のトレードオフが増すため、推進チームとCEOは、新しい価値構造への移行を促しながら、企業の健全な経営を保てるよう考慮しなくてはならない。

結局はすべての社員が、次のような考え方を持つことが必要である。

- 我々はカスタマー・パワーの時代に生きている。
- 「顧客主権」を信じ、顧客に忠誠を尽くす。

●情報をありのままに公開し、顧客に対して秘密を持たない。
●顧客の権利を守るために戦う。
●我々の将来を決めるのは、顧客からの信頼である。
●「よい関係」で満足するな。顧客を支援せよ。
●顧客は我々が考える以上に賢い。
●顧客のデザインによる製品は、わが社の製品よりも優れている。
●競合製品に劣る製品を売りつけても、買うはずがない。
●最高の製品が市場に存在しなければ、わが社で作る。
●我々はアドボカシー・ピラミッドの頂点を目指す。
●わが社の社員一人ひとりに、顧客との信頼を築く責任がある。
●顧客を無心に支援すれば、いつかは必ず報われる。

変革推進チームを組織する

非公式のチームによる企業文化の変革は、アドボカシー戦略を実現する上で重要だ。しかし経営陣も、変化のための方策を講じる必要がある。適切な人材を雇うことが必要であり、プログラムの進捗を測るための評価指標や、変革の取り組みを促すインセンティブを用意しなければならない。また適切な責任者を設け、アドボカシー文化への継続的な進展を可能にする正式な組織を作り上げる必要がある。

人材

社員を採用する場合には、顧客に共感する素養を持った者を選別する必要がある。これは、マーケティングや営業部門で採用する社員だけではない。あなたの会社で雇用するすべての社員について、こうした目で採用の可否を判断するべきである。

そのようにして選んだ社員であれば、アドボカシーの哲学や方法論を教え込むことが可能だ。そのための研修プログラムを実施しよう。研修には、あなた自身の購買体験の記録や、フォーカスグループの観察、市場調査のレビューなどを含めることが望ましい。顧客支援プログラムの企画立案や、ツールの活用法の研修を実施してもいいだろう。

また、アドボカシーの文化を築くには、他の社員を管理する方法を教えることも必要である。アドボカシーを理解できる社員もいれば、そうではない社員もいるからだ。そのため、アドボカシー戦略へ移行するには、それを理解できない管理職の大量解雇も必要かもしれない。そんな人材の存在を放置すれば、移行は実現できず、問題が広がるだけである。

評価指標

アドボカシー戦略を実現するためには、「長期的な信頼関係の構築」という目標を持たなければならない。短期の目標も重要だが、長期的な成長や利益を保証するだけの信頼を生み出す能力を培うために、短期・長期の両方での目標を設定しなくてはならない。

アドボカシー戦略への移行期には、短期の売上や収益目標を抑えてでも、長期的成長や関係構築という目標を優先しなければならない。過去三年間における売上、利益、資産収益率（ROA）の平均成長率の推移は、長期的な成功のよい指標となる。さらに、次の評価指標を含むことが望ましい。

❶個々の顧客のニーズに対するあなたの企業のシェア（顧客内シェア）
❷リピート購買率
❸リピート購買における平均マージン
❹クロスセリング率（自社製品を購入した顧客が、別の自社製品も購入する割合）
❺売上に占める新製品の割合
❻自社への信頼と顧客満足度に関する調査結果

インセンティブ

評価指標を準備できれば、それに応じたインセンティブを生み出せる。これにもとづいてボーナスを支給することも一つの方法だ。

販売スタッフは契約を締結するたびに成果報酬を受け取れるかもしれないが、既存顧客やクロスセリングから獲得するシェアが増えた場合は、マーケティング部門の社員にもそれなりのインセンティブを与えなくてはならない。ボーナスの支給は、企業全体、グループ、個人の成果と連動させることが望ましい。前項の六つの評価指標を、支給の基準にすることも必要だ。各評価指標に関して目標を設定し、達成度を測定する。そして目標を超えた社員には、報酬を与える。会社に対する社員の信頼も高める必要があるからだ。

組織

組織の公式な改編が必要かつ効果的な場合もあるだろう。アドボカシーの推進は全員が担うべき任務だが、推進役として専任の責任者を設けたほうがよい。

たとえば、CAO（チーフ・アドボカシー・オフィサー：アドボカシー責任者）とでもいうべきポストを設け、マーケティングや顧客サービス部門の責任者から報告を受ける体制をつくる。CAOがアドボカシー戦略の中核的活動（宣伝、販売、マーケティング、製品開発、ブランドマネジメント）を調整する権限を持つのである。またCAOは、技術、R&D、製造部門とも密接な関係を持つことが望ましい。

実際、イーベイの「トラスト・ディレクター」のように、既にアドボカシー戦略に対応した上級管理職を置いている企業もある。以下に四つの企業での事例を紹介しよう。

AOL

AOLでは、「チーフ・トラスト・オフィサー」が副社長の肩書きを持ち、全社的なプロセス開発と実行の戦略的リーダーとしての役割を担っている。具体的には、顧客体験、消費者保護、プライバシー、インターネット接続環境の安全性、アクセシビリティ、コミュニティの運営方針などの整合性を監視しながら、自社のさまざまな活動領域（製品開発、プログラミング、eコマース、宣伝、グラフィックス・レビューなど）に対する社内基準の設定と実施に責任を負っている。★1

シーメンス

シーメンス・エンタープライズ・ネットワークには、「シーメンス・カスタマー・アドボカシー・グループ」が存在する。「カスタマー・アドボカシー&クオリティ部長」と「カスタマー・アドボカシー・プログラム・マネジャー」が率いるこのグループは、二〇〇二年の初めに設置された。顧客の声を社内に知らせることで顧客ニーズに対する理解を深め、ニーズへの対応力の強化を目指している。

また、このグループでは、「お客様の声」を記録するために、顧客の関心事とクレームに関するデータベースを構築した。顧客の意見が社内に広く伝わり、認識され、解決される仕組みを作っている。また、顧客に対して、シーメンスへのフィードバックや、アイデアの提案を求めている。★2

シスコ・システムズ

シスコ・システムズでは、担当副社長が「カスタマー・アドボカシー・グループ」を率いて

★1 www.corp.aol.com

★2 www.siemens.comとパティ・クレア（Patty Clare）アドボカシー担当マネージャーとの私信による。

おり、顧客が問題を抱えている場合には、このグループが解決のために尽力する。[★3]
シスコによれば、顧客満足とは顧客ロイヤルティである。同社は、顧客の意見に耳を傾け、ニーズを満たし、顧客体験を改善することによって、ロイヤルティを構築しているのだ。なお、シスコの「カスタマー・アドボカシー・ミッション・ステートメント」は、こう宣言している。

「革新的なサービスと最高の社員、パートナー、プロセス、ツールを通じて、シスコとともにお客様の成功を促進します」

AMD

AMDでは二〇〇一年十月に、「カスタマー・アドボカシー・イニシアティブ」を開始した。これを率いるのは、CEOへの報告義務を持つカスタマー・アドボカシー担当副社長だ。そこには、「顧客との良好な関係を維持することで、ニーズを先読みしよう」という同社の姿勢が表れている。
また、同社は「グローバル・コンシューマー・アドバイザリー・ボード」を設けた。ここでは技術面での問題点を論じ、より高品質な技術体験をユーザーに提供することを目指している。同社は、技術革新とユーザーの理解度や導入レベルの間に齟齬が生じていることを認識し、エンド・ユーザーには手厚い支援が必要であると考えている。そのため、最先端のユーザー・プログラムや競合他社との比較情報を積極的に提供するとともに、世界中から専門家を集めて

★3 www.cisco.com

議論の場を設けているのだ。さらに、「社内顧客（自社製品を使う社員）」に意見を求め、ユーザーのコンピュータに関するニーズを探し出すための取り組み「パフォーマンス・イニシアティブ」も実施している。[★1]

この四社の事例では、CAOの果たす機能はまちまちである。AOLでは「信頼レベルを維持するための基準」に焦点を当てているのに対して、シーメンスは、「サービスや顧客の不満の解決」を重視している。シスコは顧客ニーズに耳を傾けている。AMDは、ユーザーの支援に重点を置いている。

これらの取り組みは高く評価されるべきものだが、理想を言えばCAOは、宣伝、営業、マーケティング、製品企画、顧客サービスなども含めた包括的な責任を担うことが望ましい。アドボカシー戦略はそれだけ広範な領域に関わるものだからである。

協調体制を築く

企業組織には、その組織ならではの対立が多々存在するものだ。これがアドボカシー戦略を導入する上での障害になる場合も少なくない。さまざまな利害の間のトレードオフを克服する、全社的な協調体制を築く必要がある。以下、実例をあげて考えてみよう。

★1 www.AMD.com

マーケティングとコスト管理

マーケティング活動とコスト管理に関する対立は一番大きい。アメリカの航空会社は、コストの圧力によって、マイレージサービスで利用できる座席数を減らした。その結果、優良顧客が享受していたロイヤルティに対するインセンティブ自体の価値が下がっている。つまり、ポイントがかなり貯まっていても、旅行したいときに利用できない場合が多いのだ。

この不満を解消するために、いくつかの航空会社は「自由席」を導入し、その乗客には座席当たりのポイントを二倍に加算している。ポイントの価値を半減させることでコストを節約できるが、代わりに顧客の不信感や恨みを買うことになる。この場合、短期コストの節約が、長期的なロイヤルティや信頼関係の構築を妨げているのである。

サービスコストと顧客満足

あなたの会社が製品の返品を気前よく受け入れれば、コストが上昇しても、顧客は大いに満足する。一方、返品に対して厳しい制限を付ければ、コストとともに、顧客がリピート購買する可能性も低くなる。不正な返品があることを理由に、返品交換サービスをやめてしまう会社もある。これこそ、信頼とコストのトレードオフだ。重要なのは、顧客の信頼を裏切ることではなく、自社製品・サービスを顧客の立場で評価することである。

品質と顧客ロイヤルティ

品質と顧客満足も、トレードオフの関係にある。これも難しい問題だ。製品の品質が優れていれば、満足度も高い。しかし少しでも品質が低下すれば、顧客ロイヤルティも崩壊する。最善策は、顧客に約束したレベルの品質を維持することだ。サウスウエスト航空、ジェットブルー、ソングなどの航空会社が乗客に約束しているサービスの質は決して最高のものではない。それでも一定のレベルが確保されているため、顧客の満足度は高いのである。しかし、あなたの会社がファーストクラスの乗客に特別サービスを約束している場合はどうだろうか。まずい機内食を提供したり、カウンターのスタッフや客室乗務員の接客が無愛想であったりすれば、信頼を破壊する原因となる。

アメリカの保険業界ではっきりと見られるのは、証券の営業部門と引受業務・支払要求部門の対立である。営業スタッフは、新しい顧客を求めている。新しい顧客のロイヤルティを得れば、家族全員の保険の契約につながることもある。

以下では私の体験を紹介しよう。私は、二十五年以上にわたってある会社の保険に加入することで、その会社の販売目標の達成に一役買ってきた。しかし、同社の引受部門には、補償額を最小限に抑えたいという思惑があり、そのために私は、二十五年間続いた顧客ロイヤルティに終止符を打った。その保険会社のCEOはこのような結果を望んでいなかったはずだが、部門間での調整も、一貫した方針もなかったため、「私」という顧客を失った。

二十五年間の顧客ロイヤルティの崩壊

私は二十五年以上の間、住宅や自動車などの保険契約の一切を、ウィスコンシン州スティーブンス・ポイント（Stevens Point）にある小さな保険会社に委ねていた。義父がその会社に五十年間在職し、定年前には副社長兼監査役を務めていたためだ。

私と同社の付き合いは、学生時代に初めて住んだアパートの家財保険に入ったことから始まった。その後、ボストンに移ったときには、自動車保険にも加入した。さらに、家を建てたときには、補償の範囲を広げている。他社と保険料率を比較したことは一度もなかった。ジョーという地元の担当者を信頼していたからだ。若干の不満をのぞけば、何も問題はなかった。家族の増加によって自宅を改築したときには、加入保険の数をさらに増やしたものだ。

ところが、この会社は二〇〇〇年に、地元から担当者を撤退させた。コストを減らすためだ。私は、同社の電話オペレーターとの間で、さまざまな交渉をせざるを得なくなった。オペレーターは、私のニーズをまったく理解しないばかりか、ジョーほど優秀でもなかった。このときを境に、私には同社に対する警戒心が芽生えた。

二〇〇四年の三月、私のもとにサインのない「型どおりの」手紙が届いた。当時私は、自宅の車庫を仕事場に改造する計画を立てていた。しかし、同社からの手紙によれば、その計画を実現させるには「向こう四週間以内に現在の住宅保険を解約しなくてはならない」という。これは、明らかに私の信頼を裏切る行為だった。同社に何度か電話したところ、私の保険の範囲が、同社で受け入れられる引受基準をすでに超えていることが明らかになった。私は、電話に出たオペレーターに向かって、同社との長い付き合いを説明したが、何の役にも立たなかった。そのオペレーターは、ＣＥＯに電話をつないでくれることもなかった。

そこで私は、すべての保険の契約先をファイアマンズ・ファンド（Fireman's Fund）に変更した。同社もチャブ・グループ（Chubb）も、私との契約を熱望していた。このことをスティーブンス・ポイントの保険会社に伝えたところ、引受部門の担当者は仰天してこう言った。

「これまでどおり、我が社の保険で全部補償致します」

彼らはわかってはいなかった。私にとって重要なのは、販売される「商品」そのものよりも、その商品を売る企業との関係なのだ。私が企業から買っているのは、商品だけではない。一番大切なのは、私の立場を代弁してくれる、信頼できる企業との関係構築である。スティーブンス・ポイントの保険会社の引受部門は、長年にわたる私の契約履歴を知らなかった。おそらく、補償範囲に制限を設けた担当者は、顧客との関係が自社の他の保険契約に及ぼす影響を考慮しなかったのだろう。この会社では、販売と引受部門が連携していなかったのだ。

義父が生きていてくれたら、と私は思ってしまう。義父であれば、私を支援する立場で経営陣の注意を引き、この問題を解決できただろう。

サプライチェーン間の齟齬

流通チャネルの管理は難しい。流通業者の行動が企業の方針と一致しない場合もある。だが、インターネットを利用すれば、一貫性を維持することは可能だ。たとえばソニーは、ウェブサイトで自社の家電製品に関して情報やアドバイスを提供している。そこにアクセスすれば、自宅に一番近い販売店を見つけられるのだ。

日本では、ソニーから商品を直接購入することもできる。[★1] この場合には、ソニーが顧客の居住地域の小売店に手数料を支払うことによって、あなたがその店で最高レベルのサービスを確実に受けられるようにしている。これはインセンティブを用いてサービスの一貫性を保っている好例だ。

サービスの一貫性を保つことは極めて大きな課題である。部門間の連携に求められるハードルも高い。前述の例は、企業組織の内部に存在する多くの対立の一部に過ぎない。企業はこうした対立の根本を見極め、解決に努めなくてはならない。

関係構築による長期的な価値と短期的なコスト削減の間には、どうしてもトレードオフが生じてしまう。したがって、この意志決定は経営陣のレベルで行い、自社が維持するべき一貫性の基準を設けなければならない。企業によっては、あらゆる部門でのサービスや顧客体験の一貫性を維持する責任を、アドボカシー担当者が一元的に担う場合がある。いずれにせよ経営陣に必要なのは、顧客との関係を考慮しながら、信頼を維持することである。

あらゆるステークホルダーとの信頼関係

本書では、顧客との信頼関係構築の必要性を論じてきた。しかし、信頼関係の構築は、顧客との間に限らない。あらゆるステークホルダーと信頼関係を築くことも重要だ。そのすべてを

★1 ソニーには、「ソニースタイル」という日本国内向けの直販サイトがある。
http:// www.jp.sonystyle.com/

支援しなければ、企業文化を変えることはできない。

まず社員の存在がある。自分の会社が事業を継続し、社員の努力に報いてくれると社員自身が信じていることが重要だ。たとえば、品質管理サークルは多くの企業で活用されているが、企業と社員の間に良好なパートナーシップがあるかどうかが、TQMによる品質改善やその成否を大きく左右する。

先に紹介したクウェスト社は、「サービス時代」キャンペーンによって社員の信頼を得た上で顧客の信頼を高めようとした。インテルの事例もそうだ。同社がバーチャル・アドバイザーを導入した目的は、ダウンロード・サイトに関するアドバイスの提供だった。しかし実際は、それは社員のためにも活用されてきた。三十歳以上の社員のニーズに応じた情報やアドバイスを提供したのである。同社の人事部は、バーチャル・アドバイザーの導入によって信頼が構築され、官僚的で冷淡になりがちな企業と社員との関係が改善されていることを実感している。

また、株主が望んでいるのは、企業に透明性を求めながら、「自分たちが公平に扱われている」という長期的な安心感を持ち続けられることだ。アメリカの法律では、企業が開示する情報に制約を定めている。とはいえ、企業には開示基準以上の公正な情報を株主に提供することが望まれる。また、自社の業績を良く見せたり、株価に影響を及ぼすような内容を報告に織り込んだりしてはいけない。

行政との関わりもある。企業にとって監査機関や行政機関は敵のように見える。しかし、業界と行政とがあらかじめ協力すれば、厳しすぎる法律の制定やその施行を妨げられるはずだ。

行政、司法、立法の三権のあらゆる部署とのコミュニケーションを通じて、業界や企業の実情を正確に理解してもらえれば、国全体のニーズと企業収益のバランスを考慮した法律を制定できるのである。

ビジネスパートナーについても考えなければならない。B2Bの取引では、取引先の企業(法人顧客)を信頼しなくてはならない。あなたの企業に必要なのは、透明性を確保し、法人顧客との業務上のルールを制定することだ。そうすれば、あなたの会社も取引先も、長期的な利益を得られるようになる。現に、メーカーとサプライヤーの技術協力による製品の共同開発は、利益は対等に配分されるという信頼にもとづいている。

業界全体でコンソーシアム(合弁企業など)を設立することでうまく行く場合も多いが、その場合も基盤になるのは各社の開放的な協力関係である。アメリカでは、複数の不動産業者が「リアルター・コム」というサイトを共同で運営してきた。航空会社では、予約ビジネスに参入する目的で「オービッツ」を開設した。全米自動車販売協会でも、会員企業の協力によって、自動車情報やアドバイスを提供するサイト(NADA.com)を立ち上げている。

信頼関係が特に重要になるのは、国際レベルでの取引である。国によっては、パートナー同士の信頼関係が非常に強く、公式に契約書を交わさずにビジネスを展開する場合もある。アジアの国々では、どのような取引であっても、信頼関係が大前提になっている。日本でトヨタ自動車が成功した秘密は、長年にわたるサプライヤーとの信頼関係にある。短期コストを削る目的でサプライヤーを締め付ければ、製品の質を下げることになりかねない。トヨタではその代わりに問題点をサプライヤーと共有することで、すべての関係者の利益を守れるような改善策を見つけ出そうとしてきたのである。

ビジョン、勇気、そして熱意

社内で一貫性を保つことは簡単ではない。企業文化をアドボカシー志向へ変えていくことも困難だ。文化を変えたり、適切な情報システムを築いたり、顧客と信頼関係を築くために必要なマーケティング・プログラムを作ったりするには、長い時間が要される。評価指標、インセンティブ、組織構造を工夫することは重要だが、結局のところ成功は、変革を目指すCEOや主な経営幹部のリーダーシップにかかっている。

CEOは、長期的な成功を目指すビジョンを策定し、社内に浸透させなくてはならない。ビジョンは最終的には経営トップが決めるものだが、関係者が立案したアドボカシー戦略から導き出せるものであることが望ましい。各組織での変革推進チームの想像力も欠かせない。こうしたチームは、積極的にリスクを負ってでもビジョンを伝えなくてはならない。Y理論が「組織運営のビジョン」として登場したのは、一九六〇年代の後半だった。これに対して、A理論は二十一世紀の経営戦略革命である。アドボカシーの哲学をビジョンに取り込めば、企業文化を変えやすくなるだろう。

また、アドボカシーを推進するには、ＣＥＯの勇気も必要だ。現状に安住し、ささいな改善に終始していてはならない。アドボカシー戦略の導入は、組織内部の考え方、組織構造、戦略プログラムを一変させる。多くの抵抗勢力が生まれる可能性もある。ＣＥＯは、先頭に立って保身的なサブカルチャーと戦い、新しい視点を示し、説得しなくてはならない。

アドボカシーを「ＣＥＯによる企業統治の証し」にするためには、ＣＥＯに本当の意味でのリーダーシップが求められる。変化を自社にもたらすには、十年がかりの作業になるかもしれない。だが現実的にＣＥＯや経営陣が五年以上その職にとどまることはほとんどない。だからこそ、顧客のために、という熱意はもちろん、アドボカシーが自社を長期的な成功に導くための最善の道であるという確信を持たなくてはならない。ＣＥＯは、顧客に対しても、組織に必要な変化を生み出すためにも、第一のアドボケート（支援者）になることを義務づけられているのである。

ここまでの議論により、アドボカシーに関する理解は随分深まっただろう。だが、もう一つの注意点は、ピラミッドの底辺を忘れてはいけないということだ（第７章の**図１**、一七三頁）。アドボカシーを「つかの間の流行」にしてはならない。「ＴＱＭ」「顧客満足」「リレーションシップ・マーケティング」という基盤の頂点に「アドボカシー」を積み重ねるのである。まずはピラミッドの底辺から始めるのだ。まだ「アドボカシー」の導入を検討していない場合でも、最高品質の製品・サービスの提供に努めよう。信頼関係を築く前でも、顧客満足度の向上を目指すべきだ。それから、「信頼」によってアドボカシー戦略を実施するのである。

このような行動はいずれも難題のように聞こえるだろうか。アドボカシー・ピラミッドの構築を遅らせようという気になるかもしれない。しかし、ピラミッドの構築を遅らせれば、競合他社のどこかが先を行くかもしれない。先駆者としての優位性を獲得するため、ピラミッド全体の構築を、今からでも着実に行っていくべきである。

chapter 10

すべては顧客のために

これまでの内容を読めば、あなたはもうアドボカシー・ピラミッドの頂上へ向かう準備ができていると言える。インターネットによるカスタマー・パワーの増大や、新しい信頼構築ツールの使い方、企業組織を変革する方法もわかっている。

しかし、一番重要なことは何か？
アドボカシーは、この先どうなっていくのか？

本章では、これまで学んできたことの要点を振り返り、カスタマー・パワーと企業の未来について構想する。

何が一番重要なのか？

顧客に主導権がある！

カスタマー・パワーは、ここ五年間で急速に増大した。インターネットによって顧客は、選択肢の増加、情報の充実、取引の簡略化といった恩恵を得ている。企業と顧客の関係も抜本的に変化している。いまや顧客は、企業との関係や意思決定のプロセスを支配しているのだ。

プッシュ・プル戦略からアドボカシー戦略へ

カスタマー・パワーの増大によって、強引で一方的な宣伝活動やプロモーションは、アドボカシー型のマーケティングに取って代わられる。アドボカシー型のマーケティングは、公平なコミュニケーションや優れた製品・サービスによって、顧客との長期的な信頼、信用、関係を構築する。

カスタマー・パワーの増大

カスタマー・パワーの増大は、医療や旅行など複合的な製品やサービスを提供する業界で顕著だが、この傾向は他の多くの業界にも当てはまる。証券、不動産、保険、耐久消費財、工業製品などの業界のほか、一般消費財や人材サービスのような業界でも見られるのだ。また、この傾向が最も早く現れているのはアメリカだが、ヨーロッパや日本などでも明らかに見られるようになっている。

カスタマー・パワーの増大は、事業戦略に関する他の要因にも影響を及ぼしている。企業に対する顧客の不信感が高まっているだけではない。規制の増加、メディア広告の効果・効率性の低下、生産力の過剰、製品のコモディティ化、市場の飽和状態などにも密接な相関がある。

第3章で、草原を突進してくるサイを静止する少女のCMを紹介した。「たとえあなたが危ない目に遭っても、信頼は揺らぎません」というキャッチフレーズのCMだ。このCMを見れば、誰もが少女を顧客に見立てたり、サイを企業だと想像したりするだろう。しかし、カスタマー・パワーが増大する未来の世界では、CMの見方を変えたほうが良さそうだ。つまり、サイを顧客と見なし、少女を企業だと考えるのだ。この構図こそ、将来の顧客と企業の関係を正確に描くものである。顧客のパワーはますます高まり、企業は不安定な立場に置かれるだろう。

A理論——新しいパラダイム

カスタマー・パワーは、マーケティングや企業戦略のパラダイムを変えている。かつて経営理論が、権力や懲罰にもとづいた「X理論」から参加型経営の「Y理論」へと移ったように、マーケティングのパラダイムも、プッシュ・プル型の手法に依拠する「P理論」から、信頼やアドボカシーにもとづいて顧客利益を追求する「A理論」へとシフトしている。

我々の顧客観もまた、変わりつつある。従来の「企業に無理やり商品を買わされる程度の知性しかない人間」ではなく、「入手した情報をもとに、自らの意思で行動を決める人間」、「想像力や創意工夫の能力を持つ人間」としての顧客観が必要である。

自社の位置を見極める

アドボカシー戦略を導入するにはまず、信頼度を座標軸とする象限における自社の位置を理解しなくてはならない。企業の総合的な信頼度だけでなく、信頼を構成する要素（透明性、製品・サービスの質、インセンティブ、顧客とのパートナーシップ、顧客との共同開発、製品比較やアドバイス、サプライチェーン、アドボカシーの浸透）ごとに自社の評価を行っておく必要がある。

自社の現在の位置がわかれば、今後目指すべき方向を決められる。ほとんどの企業では、顧客と信頼関係を築く方向へ移ることを考えている。その最も先端にあるのが、アドボカシー戦略の完全な導入である。

アドボカシーへの適性

まずはアドボカシー戦略が自社に適しているかどうかを判断することが必要だ。信頼の構成要素ごとの指標を用いて評価すれば、ほとんどの企業はアドボカシー戦略が将来の成功につながることに気づくだろう。

しかし、あなたの会社が次のような状況にあれば、話は別だ。日用品業界の企業や市場を独占している企業、品質管理と在庫管理ができない企業、短期収益を維持したい企業、一度限りの購買や値切り好きな顧客が中心の企業、そしてインパクトの弱い製品を提供している企業。このような企業にはアドボカシー戦略は適さないだろう。しかし、最後はあなたの決断次第だ。どんな企業でも、顧客と信頼関係を築くことで長期的な利益を高めることは可能である。

バーチャル・アドバイザーの可能性

インターネットやさまざまなコミュニケーション・チャネル（テレマーケティング、ダイレクトメール、宣伝、店舗）を用いた「バーチャル・アドバイザー」は、信頼構築に役立つ。

このアドバイザーが重要になるのは、「ＴＱＭ」と「顧客満足」によってアドボカシー・ピラミッドの基礎を作る場合だ。アドバイザーは、「理想のＣＲＭ」システムの一部を構成している。そうすることで、長期にわたって顧客との間に建設的な関係やロイヤルティを築いたり、顧客への支援を広げたりするのだ。バーチャル・アドバイザーを、ワン・トゥ・ワン・マーケティングやブランディング、ロイヤルティ・プログラム、チャネル・パートナーシップ、パーミッション・マーケティング、顧客との共同開発プログラムなどと組み合わせながら活用するとよい。

アドボカシー・ピラミッドを完成させるには、競合他社と自社を積極的に比較し、顧客の利益にかなう情報やアドバイスを公平に提供することが必要だ。顧客のニーズにかなっていれば、他社の製品であっても顧客に薦めるべきだ。しかし、新製品の開発も怠ってはいけない。本当に最も良いものとして薦められる自社製品を作らなければならない。

アドボカシー戦略への移行と企業文化の変革

アドボカシー戦略の導入は、往々にして既存の企業文化と対立しがちだ。P理論からA理論への移行は難しい。マーケティングなどの部門で強く支持されている考え方は、透明性や競合他社との比較、顧客との共同製品開発とは相容れないことが多い。

長年培われてきた考え方を修正するには、顧客に共感できる数名の経営幹部を登用し、変革推進のための特別チームを組ませるとよい。このチームは、信頼、アドボカシー、長期的成功を測る明確な指標を設定し、その指標や戦略に見合うインセンティブを設計しなければならない。アドボカシー担当の上級幹部職（CAO）を設け、財務、製造、技術、人事など、あらゆる部門を統合して変革を推進することが必要である。

アドボカシーの将来

変化は急速に起こっている。インターネットがますます普及するにつれて、購買行動への影響も大きくなっている。自分で集めた情報をもとに購買を決める人々も増えている。カスタマー・パワーが増しているのは、その結果なのだ。この傾向は今後も続くだろう。

コンシューマー・リポーツや消費者保護団体のベター・ビジネス・ビューローといった既存の消費者ガイドは、オンラインでの情報提供によって、影響力をさらに強めた。今では、これらのサイトに公式アドバイザーがついている。ユーザーはアドバイザーのおかげで、サイトで提供中の複雑な情報を得ることができ、良い決断を下すことができる。

アドボカシー企業の優位性

イーベイは、アドボカシー戦略の導入で最も大きな成功を収めている企業に数えられる。信頼を軸に、事業での成功や目覚しい発展を実現させているからだ。なかでも中古車市場で何十億ドルもの売上を記録したことは特筆に値する。

旅行予約のトラベロシティやエクスペディア、オービッツは、最低運賃を算出するシステムの導入によって顧客を支援した。最近では、複数のサイトでの検索から最適なフライトや最低料金を探し出すサービスを提供する企業も登場している。たとえばモビッシモ・コム(Mobissimo.com)は、五十八のサイトを横断的に検索するサービスである。

GMもアドボカシー戦略を試行し、その効果を検証している。インテルは、パーソナル・アドバイザーを活用して何百万ドルもの顧客サービス費用を削減した。メイヨ・クリニックのような医療機関や、アベンティス、ノバルティスのような医薬品メーカーでは、情報、アドバイス、信頼構築を戦略の基盤にしている。中小企業も、アドボカシーのメリットに気づいている。アドバイザー・システムを導入した信用組合(ファーストテック、サン・アントニオ、ミッション・フェデラル、ユニバーシティ・フェデラル）は、売上や利益、顧客の信頼、戦略の一貫性の向上を実現している。

本書ではこのほかにも、ジョンディア、GE、プログレッシブ、アマゾン、P&G、AMDなど、さまざまな業界の実例を紹介した。アドボカシー型の戦略が広がるにつれて、顧客も企業も利益を得ている。

インターネットでの信頼構築は、これからますます発展するだろう。イーピニオンズは最近、肯定的なフィードバックを常に獲得し、価格設定や配送情報が正確で、顧客への苦情に素早く対応している売り手に、「トラスティッド・ストア」という称号を付与するようになった。信頼に値する売り手に報いて、カスタマー・パワーをさらに支援するための手段である。アンジーズリスト（Angie'sList）では、各地のサービス業者（配管、住宅修理、引越しなど）に対する顧客の評価を紹介している。参加者は一三万二〇〇〇人を超え、評価対象はアメリカの主要二十市場に及んでいる。

また本書では、アメリカの携帯電話業界を随所で取り上げ、公平性を欠き透明性がなく、顧客の利益も反映していない例として批判した。しかし、この業界でさえ、信頼構築やアドボカシー型の取り組みが生まれつつある。スプリントは「フェア&フレキシブル」と呼ばれる新しいプランを開始した。このプランでは、顧客が常に最適なプランに加入していると仮定し、実際の通話時間をもとに料金をさかのぼって再計算する。余分なプランによる課金を排除することで、最適なプランの課金率で、超過通話分の料金を決めるのだ。これで、顧客が自分の利用時間の想定を誤った場合にも、損をしなくて済むようになる。

スプリントのCMでは、既存の携帯電話の契約を、グラウンドで遊ぶ子どもたちになぞらえている。CMに出てくる子どもたちは、遊び始める前に遊ぶ時間を決めなくてはならない。遊びのルールは次のようなものだ。★1

❶あなたは、これからの二年間で何分間ボールを使うかを予想しなくてはならない。予想が多すぎても少なすぎても、あなたは損をすることになる。

❷グラウンドに新しくやって来た子どもは、特別に新しいものをもらえる。しかし、前から遊んでいる子どもはもらえない。

❸遊び続けても、わくわくするようなことは何もない。何かあるなら、そこには罠がある。

❹このルールが気に入らないなら、別のグラウンドに行ってみるといい。そこでもルールは同じだろう。

「フェア&フレキシブル」プランは、スプリントのサービスだけに適用される。しかし同社は、このプランをきっかけに、同業他社との競争のあり方を変えるだろう。顧客をあざむくのではなく、正直に情報を公開し、顧客の利益のために戦うのだ。特別キャンペーンの成否はまだわからないが、トレンドは明らかだ。プッシュ・プル志向が伝統的に強いこの業界で、アドボカシー型への移行が始まれば、他の業界でも同じことが起こるだろう。

アドボカシー戦略は現実のものとして広がりつつある。アドボカシー戦略を試みることで企

★1 スプリントの2004年のCM「フェア&フレキシブル」。

業は成功に近づき、新しいマーケティング戦略や企業戦略の普及にも道が開かれていくだろう。

アドボカシーを妨げる要因

インターネットの活用によって、企業はこれまで以上に宣伝活動を行えるようになった。たとえばグーグルの広告では、検索時のキーワードを広告に結び付けることで、ある商品に興味を持つ人々に広告が届くようにしている。

また、バズ・マーケティングには、次のような方法がある。映画に商品を登場させる（『トゥルーマン・ショー』など）、公共の場で〈サクラ〉を使ってクチコミを広めさせる（たとえば、タイヤ跡のような髪型をした二人の男性が、バーのカウンターに座って高性能の新しいタイヤについて会話する）、オンライン・コミュニティの掲示板に偏った製品評価情報を提供する。このようなクチコミの手法は、従来のメディア広告よりも優れた代替手段になるかもしれない。

ほかにも、顧客を楽しませることで自社商品への興味を持たせようとする取り組みもある。たとえば、コカ・コーラはコーク・ミュージック・コム（Cokemusic.com）に出資し、ＡＭＸはウェブ上でさまざまなエピソードを紹介している。ＣＲＭにおける高度なデータ・マイニングも注目されている。顧客を現在より細かくセグメント化する方法もますます発達している。

あるいは、このような新しい手法はマーケティング予算を増やす引き金になり、企業をプッシュ・プル戦略にとどめるかもしれない。だが現在では、顧客による自由な情報収集や行動が可能だ。押し付けがましいプロモーションはかえって嫌われがちだし、顧客を細かいセグメントに分けても従来ほどの効果はないと思われる。

その一方で、これらの手法が正直で偏りのない情報を提供し、顧客の購買決定の役に立つ場合には、アドボカシー戦略に活用できる。また、新しいメディアと同様に、新しいデータ・マイニングの手法を使うことで顧客の信頼を高めることも可能だ。たとえばユニバーシティ・フェデラル信用組合は、データ・マイニングの手法を活用し、他社の自動車ローンに高い料金を支払っている組合員を探し出し、彼らに低利の借り換えローンを提供している。

プッシュ・プル型のマーケティングが維持される最も大きな要因は、短期的な売上高や利益を重視する姿勢である。この場合には長期的な信頼関係の構築へと移行しにくくなる。苦境に立つ企業も、アドボカシーを推進するのは難しい。長期的な成果を犠牲にしてでも、短期利益の増加を追求するからだ。

しかし、多くの企業はアドボカシーに向かいつつある。新しいメディアやCRMの手法も、この傾向を後押しするだろう。プッシュ・プル型からアドボカシー型のマーケティングへ完全に移行するまでには、五～十年を要するかもしれない。しかし、その影響力と方向性は明らかである。

アドボカシー・チェックリスト

アドボカシー戦略を推進する上で必要な活動についてチェックリストを用意した（**表1**、二六五頁）。アドボカシー・ピラミッドを順に登っていけるように組み立てられている。まずは、

「TQM」と「顧客満足」という基盤が安定していることを確認する。すでに強固な基盤があれば、あなたの会社のCRMを、プッシュ・プル型のシステムからアドボカシー型の理想のCRMへ改善する。最後に、本物のアドボカシープログラムを実行することによって、ピラミッドを完成させる。あらゆる活動を実践していれば、あなたの会社はアドボカシー戦略の先駆者になろうとしていると言えるだろう。

先頭に立つか、後を追うか

あなたの会社が「信頼」という世界で活動することになるのは、競合他社がアドボカシーの必要に迫られている場合だ。革新者は、競争優位を維持する方法を見つけ出さなくてはならない。

信頼による競争優位を保つ最高の方法は、イノベーションを続けることだ。顧客のニーズに合うような新製品を、顧客とともに設計し、開発する。そうすれば、顧客は企業のイノベーションに報いる形で、新しいアイデアをすみやかに受け入れるだろう。なぜなら、顧客は企業に信頼を抱いているし、企業にはアドボカシーの実績があるからだ。企業が長期にわたって利益を上げる可能性は、製品やサービスのイノベーションを通して、誠実な態度で顧客の利益をうまく代弁することにかかっている。

- マスメディアを通じた広告活動への支出を減らしている。
- これまで以上に製品開発へ投資している。
- インターネット・サイトの改善に関する予算を増やしている。
- 顧客に対して、偏りのないアドバイスを提供している。
- バーチャル・アドバイザーやペルソナを設けている。

顧客支援（アドボカシー）

- 顧客にとって最高の利益をもたらすような活動を展開している。
- アドボカシーの価値に関する計画を作成している。
- 自社と競合他社の製品を比較している。
- リード・ユーザーや顧客と協力しながら、製品を開発している。
- 自社や顧客のために、「オプトイン」サイトを立ち上げている。
- 消費者向けのコミュニティ・サイトを運営している。
- チャネル・パートナーにインセンティブを提供しながら、自社の戦略との協調を図っている。
- アドボカシー・ツールを構築・導入している。
- 顧客の支援を得ている。
- 製品の値下げを行う場合には、既存の顧客に対して、一斉に提供するようにしている。
- どの部門も、目標を顧客の支援に置いている。
- CAO（アドボカシー担当責任者）を任命している。
- どのチャネルでも、アドボカシー戦略で一貫性を保っている。
- 社員に対して、顧客を支援するインセンティブを与えている。
- 組織運営の中心を「顧客の支援」に置いている。
- 企業文化を変えながら、顧客を支援している。
- どの株主に対しても、信頼関係を築いている。
- 世界規模で顧客を支援している。
- アドボカシー戦略の試行、学習、刷新、導入を実施している。

表1 アドボカシー戦略のためのチェックリスト

質の高い製品の生産（TQM）

- 有効な品質管理プログラムがある。
- 製品がつねに必要な水準を満たしている（不良品がない）。
- 製品のデザインに顧客の望みを反映させている。
- バリューチェーンを通じて、品質を維持している。
- 社内のどの部門でも、製品やサービスの改善に努めている。

顧客サービスの推進 （顧客満足）

- 顧客の役に立つようなサービスプログラムを策定している。
- 自社製品を支持している。
- 柔軟な姿勢で問題を解決している。
- 失敗を認めるとともに、間違いを正している。
- 顧客との約束を実行している。

顧客との信頼関係の構築（リレーションシップ・マネジメント）

- 「わが社は、決してお客様の信頼を裏切らない」という言葉を、自信を持って口にできる。
- 顧客に対するプライバシー保護やセキュリティのレベルを、最高に保っている。
- CRMからプッシュ・プル型の要素を排除している。
- プロモーションに偽りがない。
- 差別価格を導入していない。
- データを分析しながら、顧客を支援している。
- 顧客に対して、公平で偽りのないコミュニケーションを展開している。
- 透明性を維持している。
- インターネットを中心に、顧客と信頼関係を築いている。
- ITや市場調査に関する専門知識がある。

企業が信頼によって競争優位を維持する方法は、もう一つある。あらゆる組織が足並みをそろえながら、アドボカシー戦略を同じ目標に向かってやり遂げることだ。信頼優位を維持する企業は、十分な訓練を受けたスタッフを販売部門に配置し、販売・流通・価格設定のプロセスを一貫させなければならない。そうすれば、インターネット、店舗、社員の接客のすべてにおける競争に関して顧客が受ける価値を最大化できる。信頼における競争環境でも競争優位に立つことができるのだ。

今後、あなたの会社の競合企業も、顧客との信頼構築やアドボカシー戦略を取り入れるようになるだろう。あなたの会社にとって、選択肢は「先頭に立つか、後を追うか」である。

先頭に立つ場合には、先発企業のリスクは大きいが、市場で高いポジションを得る可能性も高くなる。顧客の信頼を得ることは難しいが、獲得した信頼を維持できれば、顧客は容易に鞍替えすることはないだろう。信頼は貴重なものだ。顧客にしても、他の企業に乗り換えるのは手間がかかる。常に製品を革新し、製品・サービスの一貫性を保つことで信頼を維持していける先発企業であれば、「先駆者」としての優位性を確立できるはずだ。

第二の選択肢は、イノベーターに従うことだ。この場合はリスクが小さいように見える。しかし、競合他社が顧客の信頼を一気に獲得してしまえば、後から割って入るのは非常に難しくなる。特定の一社が信頼を獲得し成功を収めた業界では、往々にして他社が追随せざるをえない。このような業界では、二番手にはほとんど選択肢が残されていない。後を追わない限り、市場シェアを失い、倒産せざるをえなくなるからだ。だからこそ、アドボカシー戦略への移行は不可避の道なのである。アドボカシー戦略が支配する市場では、他社の先を行かないのであれば、先発企業を模倣するしかない。

自動車業界において、ＧＭはアドボカシー戦略で先頭に立っている。他のメーカーも、やがて追随の必要に迫られるだろうが、そのときには顧客の命令に従う以外に選択肢はほとんどないに違いない。

またアメリカの信用組合業界でも信頼やアドボカシーに関して新しい動きが見られる。サンディエゴにあるミッション・フェデラル信用組合では、最近になって、アドボカシー戦略に対する自社のコミットメントを定義するとともに、顧客に対する「価値の提案」を示した（図１）。これには、適切で説得力のある概念が含まれている。「賢く生きて、賢く貯めよう」というキャッチフレーズも非常にいい。この宣言は、「アドボカシーの世界で先駆者になる」というミッション・フェデラルの意志を反映している。このように信用組合業界は、アドボカシー戦略によって着実に顧客の信頼を獲得し、大手銀行のシェアを奪う勢いを見せている。このため大手銀行も今後、アドボカシー戦略を採用せざるをえない。顧客を真摯に支援することによって信頼を取り戻さなくてはならないからだ。このような戦略変更は、大手銀行にとって非常に難しいが、ほかに道はないのである。

「先駆者」の道を選ぶのか、「追随者」のポジションを受け入れるのか。企業は今、このような決断を迫られているのだ。

アドボカシーの価値に関する明確な方針を作成すれば、企業の戦略的なコミットメントが明らかになり、アドボカシー戦略を定義することも可能だ（**図1**）。あなたの会社でアドボカシー戦略の策定を進める際、こうしたフレームワークが役に立つだろう。

正しい道へ進め

アドボカシー戦略を実践すれば、長期的な売上、利益、投資収益率が向上する。そして何より大切なのは、この戦略が、企業倫理に照らしても正しい道だということである。正直さ、公平さ、透明性、顧客を支援すること。いずれも、企業倫理の面でも非常に価値がある。だからこそ、さあ始めよう。アドボカシーを、あなたの会社の経営方針の柱にするのだ。

あなたが企業のトップにいるのなら、「アドボカシー」という新しい世界において自社を率いるためのビジョンを策定し、熱意と勇気をもって、そのビジョンを実現しなければならない。ほとんどの企業はイノベーターになろうとしない。だからこそ、あなたは新しい環境に対応し、指導力を発揮しなければならない。アドボカシー推進チームのリーダーとして、自社を前進させよう。社員には、あなたの会社の長期的な成長や利益の増加を約束すればいい。

あなたがまだ経営陣の一員でなくても、変革推進者としての役割を果たすことは可能だ。アドボカシーの実例を社内に紹介し、経営陣の間で広めてみよう。小さな実験を手始めに、アドボカシーのテストプログラムを段階的に導入してみるのもいい。変化が起こりやすい土壌を

図1 ミッション・フェデラル信用組合のアドボカシー戦略の基本方針

中心になるコンセプト

社内	社外
● 顧客支援と信頼獲得へのコミットメント。 ●「プロモーションの価値がある企業」の発展。 ● あらゆるライフ・ステージ、ライフスタイルに合わせたロイヤルティや生涯価値の構築。 いずれも、組合員に対する最高のサービスにもとづいている。	● 長期にわたる財産の保護。 ● 緊急のニーズへの対応（リレーションシップを重視）。 ● 組合員の利益を最大にするための奉仕。 ● 組合員ごとのニーズへの対応。 いずれも、金融に関する知識にもとづいている。

価値の提案

わが社は、あなたのニーズや目標をつねに**理解**しながら、**あなたにふさわしい情報やアドバイスを提供**します。これによって、あなたは**生涯にわたって、お金に関して賢明な決断を下せる**ようになります。

キャッチフレーズ

賢く生きて、賢く貯めよう。

組合員の支援に対する基本的な考え方

- 我々は、組合員への啓発活動によって組合員の信頼を獲得します。また、ライフ・ステージのどの段階でも、賢い商品選択に必要なあらゆる情報を簡単に得られるようにします。
- 我々は、「専門家」としてアドバイスを提供します。組合員が自分たちの選択肢を今よりよく理解し、独自のニーズを満たす最高の金融商品やサービスを選べるようにします。
- 我々は、組合員に満足される賢明な資産運用のために、組合員を積極的に支援し、組合員にとって最高の利益を実現します。
- 我々の基本理念は、「組合員への奉仕」です。組合員に信頼されるアドバイスを提供することで、組合員のニーズを満たします。
- 我々の使命は、組合員に「加入する価値がある」と認めてもらえるような金融機関になることです。

作るのだ。成功したイノベーションは、現場からのボトムアップによって経営のトップに達したものが多い。明確なビジョンを持ったCEOが、前例や慣習にとらわれない経営陣を率いながら、社内のどのレベルにも変革推進者を配置することが重要だ。しかし、たとえそれが出来なくても、あなた自身が責任の及ぶ範囲で、アドボカシーの効果を示すことによって、新しい一歩を踏み出すことは可能である。それは、あなたの会社に役立つばかりか、あなた自身のキャリアにも寄与するだろう。

顧客のために自社を改革しながら、顧客を支援する。これこそが、カスタマー・パワー時代に勝ち残る道なのだ。

ウォートン経営戦略シリーズ刊行にあたって

情報は一瞬にして世界を駆け巡る。ビジネス環境は急速に、そして刻一刻と変化している。ビジネスリーダーは、タイムリーに変化に対応し、新しい取り組みを実践し、成果として実現させなければならない。この成否は第一義的にビジネスアイデアの優劣に大きく依存している。

ペンシルバニア大学ウォートンスクールは米国で有数のビジネススクールであり、二〇〇四年にピアソンエデュケーションと共同でウォートンスクールパブリッシングを立ち上げた。世界的な研究者が執筆し、ウォートンスクール教授陣のレビューを経て、優れたビジネスアイデアを有する実践的なビジネス書として刊行している。

ウォートン経営戦略シリーズは、ウォートンスクールパブリッシングの発行するビジネス書の中から、「理論に裏打ちされながらも実践的であること」「事例に基づき信頼性の高いこと」「日本のビジネスリーダーにとって有意義であること」などの基準によって選出し、日本の読者に提供する。本シリーズが、日本のビジネスリーダーの知見を深め、変革を達成する一助となり、経済全体および社会全体の発展に貢献できれば幸甚である。

スカイライト コンサルティング株式会社　代表取締役　羽物俊樹

著者略歴

グレン・アーバン

Glen Urban

マサチューセッツ工科大学スローン経営大学院マーケティング教授、エクスペリオン・システムズ共同創設者兼会長。ノースウェスタン大学でマーケティングの博士号を取得。スローンスクール学部長を歴任。マーケティング研究への多大な貢献に対して与えられるポール・D・コンバース賞やオーデル賞、マーケティング・ジャーナル賞など、いくつかの権威ある賞を受賞している。*Digital Marketing Strategy*、*Design and Marketing of New Products*、*Advanced Marketing Strategy* (Printice Hall) をはじめ、6冊の共著がある。

日本語版　企画・翻訳

スカイライト コンサルティング株式会社

経営情報の活用、業務改革の推進、IT活用、新規事業の立ち上げなどを支援するコンサルティング企業。経営情報の可視化とプロジェクト推進力を強みとしており、顧客との信頼関係のもと、機動的かつきめ細やかな支援を提供することで知られる。顧客企業は一部上場企業からベンチャー企業まで多岐にわたり、製造、流通・小売、情報通信、金融・保険、官公庁などの幅広い分野で多数のプロジェクトを成功に導いている。

http://www.skylight.co.jp/

訳者略歴

山岡隆志

Yamaoka, Takashi

大阪大学工学部卒業後、大手航空会社に入社。マサチューセッツ工科大学スローン経営大学院修士課程修了。グレン・アーバン教授のもと、日米企業にヒアリングを行い「アドボカシー・マーケティング」に関する研究に従事、同テーマで修士論文を執筆。e-businessの新製品企画および事業化を経験、米国での駐在勤務を経て、現在、本社企画部にてマーケティング戦略、商品企画、プロモーション、マーケティングリサーチなど、マーケティング全般を担当。また、ビジネスパーソン向けのマーケティング講師、アドボカシー・マーケティングに関するセミナー講師を務める。

E-mail：takashi.yamaoka@gmail.com
URL：http://blog.goo.ne.jp/advocacymarketing/

● 英治出版からのお知らせ

本書に関するご意見・ご感想を E-mail（editor@eijipress.co.jp）で受け付けています。また、英治出版ではメールマガジン、ブログ、ツイッター、フェイスブックなどで新刊情報やイベント情報を配信しております。ぜひ一度、アクセスしてみてください。

メールマガジン：会員登録はホームページにて
ブログ：www.eijipress.co.jp/blog/
ツイッター ID：@eijipress
フェイスブック：www.facebook.com/eijipress
Web メディア：eijionline.com

アドボカシー・マーケティング
顧客主導の時代に信頼される企業

発行日	2006 年 11 月 20 日　第 1 版　第 1 刷 2018 年　6 月 20 日　第 1 版　第 3 刷
著者	グレン・アーバン
訳者	山岡隆志（やまおか・たかし）
監訳者	スカイライト コンサルティング株式会社
発行人	原田英治
発行	英治出版株式会社 〒 150-0022 東京都渋谷区恵比寿南 1-9-12 ピトレスクビル 4F 電話　03-5773-0193　　FAX　03-5773-0194 http://www.eijipress.co.jp/
プロデューサー	高野達成
スタッフ	藤竹賢一郎　山下智也　鈴木美穂　下田理 田中三枝　安村侑希子　平野貴裕　上村悠也 山本有子　渡邉吏佐子　中西さおり　関紀子　瀧口大河
印刷・製本	大日本印刷株式会社
装丁	重原隆
編集協力	阿部由美子　和田文夫

ISBN978-4-901234-95-1　C0034　Printed in Korea

1

ウォートン経営戦略シリーズ、第1弾
世界最大の成長市場「BOP」を狙え!

ネクスト・マーケット

世界40～50億人の貧困層＝ボトム・オブ・ザ・ピラミッド（BOP）は、企業が適切なマーケティングと商品・サービスの提供を行えば、世界最大の成長市場に変わる！構想十年余、斬新な着眼点と12のケース・スタディで迫る、まったく新しいグローバル戦略書。世界各国で大反響を巻き起こし続けている。

C・K・プラハラード 著／スカイライト コンサルティング 訳
定価：本体2,800円＋税　本文480頁

最寄りの書店でお求めください。英治出版「バーチャル立ち読み」
http://www.eijipress.co.jp/

3

ウォートン経営戦略シリーズ、第3弾
財務とマーケティングを融合し、経営を革新する！

顧客投資マネジメント

その投資は、効果に見合っているだろうか？　マーケティングの効果は見えづらく、M&Aでの買収価格や企業価値を適切に評価することは容易ではない。本書は、マーケティングと財務の双方の視点を融合して「顧客価値」を測定する、シンプルかつ実践的な手法を紹介。経営の意思決定に強力な指針を提供する。

スニル・グプタ、ドナルド・R・レーマン 著／スカイライト コンサルティング 訳
定価：本体1,900円＋税　本文256頁

最寄りの書店でお求めください。英治出版「バーチャル立ち読み」
http://www.eijipress.co.jp/

5

ウォートン経営戦略シリーズ、第5弾
イノベーションをデザインせよ！

ヒット企業のデザイン戦略

ヒットを生み出す企業は「デザイン力」が違う！　優れたデザインが、成熟市場にイノベーションを起こす鍵だ。ハーマンミラー、オクソー、アップル、……本書は、数多くの事例をもとに、商品開発におけるイノベーション・プロセスを解明し、実践的な方法論を提示する。自らの創造性を呼び覚ます、刺激と予感に満ちた快著。

クレイグ・M・ボーゲル 他著／スカイライト コンサルティング 訳
定価：1,900円＋税　本文288頁

最寄りの書店でお求めください。英治出版「バーチャル立ち読み」
http://www.eijipress.co.jp/